essentials

Robert Wilkens · Richard Falk

Smart Contracts

Grundlagen, Anwendungsfelder und rechtliche Aspekte

Robert Wilkens
Berlin, Deutschland

Richard Falk
Berlin, Deutschland

ISSN 2197-6708　　　　ISSN 2197-6716　(electronic)
essentials
ISBN 978-3-658-27962-2　　　ISBN 978-3-658-27963-9　(eBook)
https://doi.org/10.1007/978-3-658-27963-9

Die Deutsche Nationalbibliothek verzeichnet diese Publikation in der Deutschen Nationalbibliografie;detaillierte bibliografische Daten sind im Internet über http://dnb.d-nb.de abrufbar.

Springer Gabler

Springer Gabler ist ein Imprint der eingetragenen Gesellschaft Springer Fachmedien Wiesbaden GmbH und ist ein Teil von Springer Nature.
Die Anschrift der Gesellschaft ist: Abraham-Lincoln-Str. 46, 65189 Wiesbaden, Germany

Was Sie in diesem *essential* finden können

- Eine Einführung in die technischen Grundlagen, die Funktionsweise und die Besonderheiten von Smart Contracts
- Eine Einordnung von Smart Contracts in den Kontext von Blockchain-Technologie, Internet of Things und Industrie 4.0 einschließlich zahlreicher Erläuterungen zu den hiermit verbundenen Buzz Words
- Eine Auswahl von bereits bestehenden und zukünftig geplanten Einsatzbereichen mit vielen praktischen Beispielen
- Ein Überblick zu ausgewählten rechtlichen Fragen im Zusammenhang mit Smart Contracts und dem diesbezüglichen Stand der juristischen Diskussion

Inhaltsverzeichnis

Abkürzungsverzeichnis

a. A.	Andere(r) Ansicht
a. E.	Am Ende
Abb.	Abbildung
Abschn.	Abschnitt
AGB	Allgemeine Geschäftsbedingungen
AI	Artificial Intelligence (Künstliche Intelligenz)
BaFin	Bundesanstalt für Finanzdienstleistungsaufsicht
BGB	Bürgerliches Gesetzbuch
Bsp.	Beispiel
bspw.	Beispielsweise
BTC	Bitcoin
d. h.	Das heißt
DAPPS	Decentralized Apps
DLT	Distributed-Ledger-Technologie
et al.	und andere
ggf.	Gegebenenfalls
i. S. d.	Im Sinne des
i. S. e.	Im Sinne eines
IoT	Internet of Things (Internet der Dinge)
KG	Kammergericht Berlin
KWG	Kreditwesengesetz
sog.	sogenannte/-r
STO	Security Token Offering
TGE	Token Generating Event
TMG	Telemediengesetz
u. a.	Unter anderem
vgl.	Vergleiche
ZPO	Zivilprozessordnung

Einleitung 1

Wer sich heute mit Themen wie der Sharing Economy, dem Internet of Things, LegalTech oder der Blockchain-Technologie befasst, der kommt am Begriff „Smart Contracts" nicht mehr vorbei. Diese sog. „intelligenten Verträge" sind seit knapp vier Jahren in aller Munde und mit ihnen verbunden sind zahlreiche Assoziationen und Erwartungen. Dabei fällt es oftmals schwer, zwischen übertriebenem Hype und realer Innovation zu unterscheiden. Potenziale, Vor- und Nachteile sowie Anwendungsmöglichkeiten von Smart Contracts werden innerhalb und außerhalb der Digitalbranche lebhaft diskutiert. Und während einige noch bezweifeln, dass es überhaupt nennenswerte Einsatzmöglichkeiten von Smart Contracts gibt, prophezeien andere bereits die zukünftige Überflüssigkeit des gesamten Rechtssystems.

Smart Contracts werden dabei oftmals als „selbstausführende Verträge" beschrieben, die weltweit zwischen unbekannten Vertragspartnern abgeschlossen werden können, ohne dass diese sich gegenseitig oder einem Dritten vertrauen müssen – denn die Durchsetzung dieser digitalen Verträge soll automatisch erfolgen, ohne Interpretationsschwierigkeiten, langwierigen Rechtsstreit und Gerichtsvollzieher, stattdessen verlässlich, sicher und effizient.

Was genau es mit Smart Contracts tatsächlich auf sich hat, wie sie funktionieren und ob es sich überhaupt um Verträge im rechtlichen Sinne handelt – diesen und zahlreichen weiteren Fragen widmet sich das vorliegende *essential*. Es vermittelt einen Einblick in die technischen Grundlagen und Charakteristika von Smart Contracts, zeigt auf, was diese leisten können und was nicht, und gibt einen Überblick zu bestehenden und geplanten praktischen Anwendungsfeldern. Darüber hinaus gewährt es einen Einblick in verschiedene rechtliche Aspekte, die im Zusammenhang mit Smart Contracts relevant werden können, unter anderem: Wie werden Smart Contracts überhaupt rechtlich eingeordnet? Welche regulatorischen Hürden gibt es? Und wie ist die Rechtslage, wenn ein fehlerhafter Smart Contract etwas ausführt, was die Vertragsparteien gar nicht gewollt haben?

© Springer Fachmedien Wiesbaden GmbH, ein Teil von Springer Nature 2019 1
R. Wilkens und R. Falk, *Smart Contracts*, essentials,
https://doi.org/10.1007/978-3-658-27963-9_1

Was sind Smart Contracts?

2

Der Begriff „Smart Contract" geht auf den US-amerikanischen Informatiker und Juristen *Nick Szabo* zurück. Dieser hatte schon Ende der 90er Jahre das Konzept rechtsrelevanter Computerprogramme beschrieben. Durch webbasierte Computerprotokolle sollen Verträge abgebildet oder überprüft sowie die Vertragsverhandlung und/oder -durchsetzung technisch unterstützt werden.

> „Ein Smart Contract ist eine Reihe von Zusagen, die in digitaler Form niedergelegt werden, einschließlich Protokollen, in denen die Parteien diese Zusagen einhalten."
>
> *(„[…] A smart contract is a set of promises, specified in digital form, including protocols within which the parties perform on these promises.")* (Szabo 1997)

Das von *Nick Szabo* zur Erklärung gebrauchte und jedem bekannte Beispiel ist der Warenautomat. Wirft man in diesen ausreichend Geld ein und drückt den passenden Knopf, erhält man die gewünschte Sache. Anders als im Supermarkt ist bei der Transaktion kein anderer Mensch unmittelbar beteiligt. Stattdessen findet die gesamte Abwicklung des Kaufs automatisiert statt.

Ebenso funktionieren Smart Contracts auf digitaler Ebene (Kaulartz und Heckmann 2016, S. 618):

1. Sie werden durch ein digital prüfbares Ereignis ausgelöst (Eingang der Transaktion).
2. Ihr Programmcode verarbeitet das Ereignis (Prüfung der Transaktion).
3. Sie nehmen auf Grundlage des Ereignisses eine rechtlich relevante Handlung vor (Ausgabe der Ware).

© Springer Fachmedien Wiesbaden GmbH, ein Teil von Springer Nature 2019
R. Wilkens und R. Falk, *Smart Contracts,* essentials,
https://doi.org/10.1007/978-3-658-27963-9_2

Dabei agieren Smart Contracts vollständig automatisch (Scherk und Pöchhacker-Tröscher 2017, S. 27). Mit ihnen können im digitalen Geschäftsverkehr eine Vielzahl von Prozessen automatisiert werden.

Allerdings werden mit Software seit Jahrzehnten nahezu sämtliche Geschäftsbereiche (teil-) automatisiert. Die Möglichkeit zur Automatisierung allein kann die Euphorie gegenüber Smart Contracts daher nicht erklären. Diese hängt vielmehr mit der neuen Bedeutung zusammen, die Smart Contracts durch die Verbindung mit der Distributed-Ledger- bzw. der Blockchain-Technologie erlangt haben (ausführlich: Abschn. 3.2). Im Zuge dessen wurde auch der Begriff wiederbelebt:

Mit Blockchains entstanden manipulationssichere Datenstrukturen, die redundant in Form eines sog. Distributed Ledgers verteilt auf allen Rechnern eines Netzwerks gespeichert und fortgeführt werden – ein fundamentaler Gegenentwurf zum klassischen Client-Server-Modell (siehe Abschn. 3.1). Zunächst wurde die Blockchain-Technologie lediglich als eine Art „Verwahrsystem" bzw. „Buchungsjournal" für die virtuelle Währung Bitcoin (und später auch für weitere Kryptowährungen) verwendet (siehe Abschn. 3.1.3). Mit der Weiterentwicklung des Konzepts wurde es auch möglich, Programmcode auf der Blockchain-Datenstruktur abzulegen und auszuführen (siehe Abschn. 3.1.4). Diese als „Smart Contracts" bezeichneten Programme agieren wie selbstständige Akteure innerhalb des Netzwerks, werden aber allein durch ihren Code gesteuert (siehe Abschn. 3.2.1.2). Hierdurch wurde es möglich, zuvor festgelegte Prozesse innerhalb der Blockchain-Umgebung zu automatisieren.

Heutzutage sind mit dem Begriff Smart Contracts daher in aller Regel diese kleinen Programme auf einer Blockchain gemeint, die im Grunde nach denselben Prinzipien funktionieren und denselben Zwecken dienen, die Szabo bereits weit früher beschrieben hat.

Definition Als Smart Contracts werden Programme auf der Blockchain bezeichnet, die auf Basis einer WENN-DANN-Logik arbeiten, sodass bei Eintritt eines zuvor festgelegten Ereignisses (sog. trigger) automatisch eine ebenfalls zuvor festgelegte Aktion (bspw. eine Transaktion) ausgeführt wird.

Technische Grundlagen und Begriffe 3

Die Besonderheit „moderner" Smart Contracts ist, dass sie auf einer Blockchain (siehe Abschn. 3.1) aufsetzen und dort dezentral ausgeführt werden. Ihre Funktionsweise und Charakteristika können daher nicht losgelöst von der Distributed-Ledger- bzw. Blockchain-Technologie dargestellt werden.

3.1 Blockchains und Distributed-Ledger-Technologie

Der Begriff Blockchain stammt aus dem Kontext der weithin synonym verwendeten sog. Distributed-Ledger-Technologie (DLT).

3.1.1 Die Distributed-Ledger-Technologie

Der Begriff „Distributed Ledger" („verteiltes Kontobuch") beschreibt ein Netzwerk, bei dem (Transaktions-) Daten – wie in Abb. 3.1 dargestellt – verteilt organisiert sind (vgl. Bashir 2018, S. 31 f.; Geiling 2016, S. 29). Dabei werden Daten und Transaktionshistorie bei allen Netzwerkteilnehmern parallel gespeichert und mittels eines Konsensverfahrens verifiziert. Im Gegensatz zu gewöhnlichen Datenbanken werden die Daten bei DLT somit nicht zentral gespeichert und es gibt auch keine zentrale (administrative) Autorität, welche die Daten verwaltet (Essebier und Wyss 2017, S. 4). Da die Datenpflege auf „viele Schultern" verteilt wird, sind die Daten fälschungssicher und nachvollziehbar und die Systemstabilität ist unabhängig von einzelnen Teilnehmern (Overkamp und Schings 2019, S. 3).

© Springer Fachmedien Wiesbaden GmbH, ein Teil von Springer Nature 2019   5
R. Wilkens und R. Falk, *Smart Contracts*, essentials,
https://doi.org/10.1007/978-3-658-27963-9_3

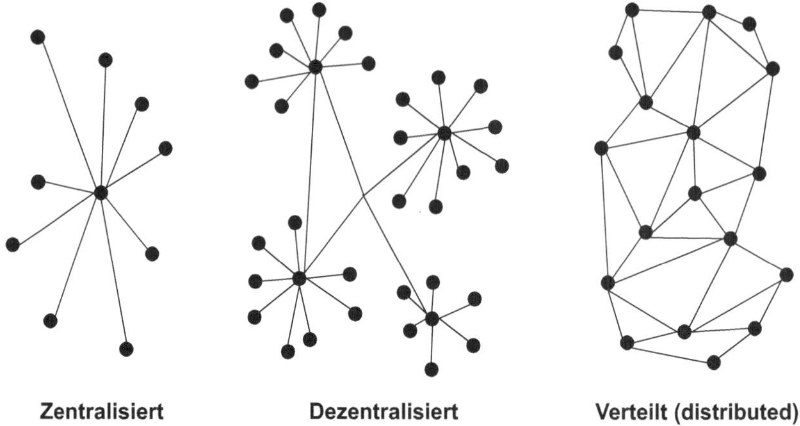

Abb. 3.1 Verschiedene Netzwerktypen

3.1.2 Blockchains

Blockchains sind die derzeit bekannteste Ausprägung von DLT. Namensgebend ist hierbei die spezielle Struktur in Form einer kryptographischen Verkettung von Datenblöcken, die – wie in Abb. 3.2 dargestellt – in chronologischer Reihenfolge über bestimmte Prüfsummen (sog. Hashs) miteinander verbunden sind (Hahn und Wilkens 2019, S. 12). Bei Hashs handelt es sich um nicht umkehrbare

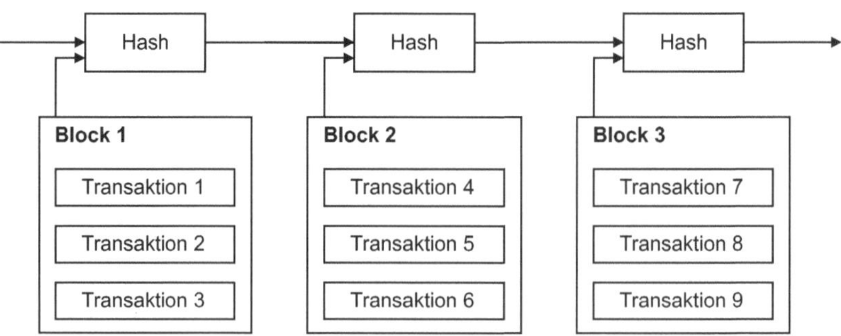

Abb. 3.2 Vereinfachte Darstellung der Blockchain-Struktur. (in Anlehnung an https://bitcoin.org/bitcoin.pdf)

Verschlüsselungsfunktionen, die für jeden beliebigen Datensatz gebildet werden können (Essebier und Wyss 2017, S. 2 f.).

Ist ein Datenblock einmal in der Blockchain verschlüsselt abgelegt und der nachfolgende Datenblock angehängt, sind die Daten im vorherigen Block nicht mehr veränderbar. Denn wird innerhalb dieses Datenblocks eine Änderung an den Daten vorgenommen, dann ändert sich der Hashwert des gesamten Blocks. Weil dieser Hashwert aber wiederum eine Voraussetzung für den Hashwert des darauffolgenden Blocks ist, führt bereits die nachträgliche Veränderung eines einzigen Zeichens in einem Datenblock zur Fehlerhaftigkeit der gesamten darauffolgenden Blockkette. Aufgrund dieser vertikalen und horizontalen Verknüpfung gelten die in der Blockchain abgelegten Informationen als besonders fälschungssicher (Hahn und Wilkens 2019, S. 12).

▶ **Definition** Blockchains sind fälschungssichere, verteilte Datenstrukturen, deren Integrität durch Verschlüsselung und Verkettung gesichert ist und in denen Änderungen in einem Register in der Zeitfolge protokolliert, nachvollziehbar, unveränderlich und ohne zentrale Instanz abgebildet sind (BaFin 2017, S. 16).

Je nachdem, ob der Zugang zu den jeweiligen Netzwerken nur für bestimmte Personen oder prinzipiell für alle möglich ist, wird begrifflich noch zwischen geschlossenen („permissioned" bzw. „private") und offenen („public") Blockchains differenziert.

3.1.3 Transaktionen innerhalb der Blockchain

Das Konzept der Blockchain stammt aus dem Jahr 2008, in dem unter dem Pseudonym *Satoshi Nakamoto* das Bitcoin-Whitepaper veröffentlicht wurde (https://bitcoin.org/bitcoin.pdf; Kops et al. 2016, S. 5 ff.). Darin wird Blockchain als eine Art fälschungssicheres dezentrales Buchungsjournal präsentiert. Blockchain ist dadurch nicht nur die Grundlage von Bitcoin (BTC), sondern inzwischen auch von zahlreichen anderen Kryptowährungen. Solche „Kryptowährungen" sind weder physische Münzen noch gesetzliche Zahlungsmittel, sondern vielmehr eine Art digitales Buchgeld innerhalb eines Rechner-Netzwerks, das ohne zentrale Vertrauensstelle auskommt (Münzer 2014, S. 27).

Denn dort wo normalerweise Banken die Korrektheit und Nachvollziehbarkeit der Kontostände und Transaktionen sicherstellen, sorgt bei Kryptowährungen die transparente und fälschungssichere Infrastruktur Blockchain für Vertrauen („Automatisierung des Vertrauens", Essebier und Wyss 2017, S. 5). Wie bei einem Bankkonto erhält der Nutzer einen sog. Public Key zugeordnet, der als Kontonummer fungiert und kryptografisch mit dem sog. Private Key übereinstimmt, mit dessen Hilfe der Nutzer seine Transaktionen signiert. Transaktionen von einem Public Key werden nur dann in die Blockchain aufgenommen, wenn ihre Echtheit durch eine korrekte Signatur bestätigt wurde. Der Private Key fungiert somit als eine Art Passwort für den Public Key. Da es bei der Blockchain gerade keine zentrale Instanz gibt, kann bei Verlust oder Bekanntwerden des Keys niemand das Konto sperren oder zurücksetzen (Hahn und Wilkens 2019, S. 12).

3.1.4 Ethereum und moderne Blockchains

Die 2015 in Betrieb genommene Ethereum Blockchain (https://www.ethereum. org) und andere seitdem entstandene „Blockchains 2.0" sind „general purpose" Blockchains. Sie verfolgen einen weiteren Ansatz als das klassische verteilte Kontobuch der „single purpose" Blockchains wie Bitcoin: Auf ihnen gibt es zwar auch peer-to-peer Kryptowährungen (auf Ethereum sog. Ether). Die Besonderheit ist aber, dass auf der Blockchain 2.0 auch Software abgelegt und ausgeführt werden kann. Diese Blockchain ist selbst die Software-Infrastruktur bzw. Plattform, auf der die jeweiligen blockchainbasierten Programme aufsetzen (Scherk und Pöchhacker-Tröscher 2017, S. 30). Damit ist sie ein dezentraler Gegenentwurf zur klassischen Client-Server-Struktur des derzeitigen Internets.

Das Verhältnis von klassischen Blockchains zu Blockchain 2.0 lässt sich mit dem Bild von Smartphone Apps illustrieren. Während die Bitcoin-Blockchain als Kontobuch eine App von vielen im App-Store ist, wäre die Blockchain 2.0 selbst der App-Store. Sie ermöglicht es, Programme auf ihr abzulegen und garantiert, dass diese bei allen Teilnehmern ausgeführt werden können. Ihre Anwendungen reichen von Kryptowährungen über Personal ID bis zu Smart Contracts.

3.2 Smart Contracts als Softwareanwendung der Blockchain

Smart Contracts sind Software, die auf der Blockchain aufsetzen und auf dieser digitale Einträge und Transaktionen zwischen mehreren Teilnehmern automatisiert ausführen können. Dadurch ergeben sich für sie einige Charakteristika und Besonderheiten gegenüber „klassischer" Software.

3.2.1 Technische Einordnung von Smart Contracts

Die Funktionen von Smart Contracts werden zunächst in Programmcode niedergelegt. Dieser Code muss danach in ein für die Blockchain „verständliches" Format umgewandelt werden. Nach Erstellung des jeweiligen Smart Contracts im Netzwerk der Blockchain, kann dieser nur noch eingeschränkt modifiziert werden.

3.2.1.1 Funktionsweise

Technisch gesehen sind Smart Contracts Programmcodes, die Statusübergänge, Daten, Prozesslogiken usw. enthalten. Weit gefasst, stellen sie gescriptete Abfolgen dar, die mindestens ein Resultat an bestimmte Bedingungen und/oder Ereignisse knüpfen (Borkert 2018, S. 41). Tritt die im Softwarecode festgelegte Bedingung ein, löst dies eine informationstechnische Reaktion (Parameter) durch den Smart Contract aus, womit virtuelle Transaktionen bewirkt werden (Sattler 2018, S. 2249). Die Blockchain gewährleistet die Ausführung des Smart Contracts und die getätigten Transaktionen werden in der Blockchain protokolliert (Borkert 2018, S. 41).

Beispiel

Ein einfaches Codebeispiel für einen Smart Contract ist das Glückspiel „Münzwurf" (Bsp. von Kaulartz und Heckmann 2016, S. 619):

```
pragma solidity ^0.4.18;
contract muenzwurf;
function();
var einsatz = msg.value;
if (block.timestamp % 2 == 0);
msg.sender.send(2 * einsatz);
else;
return;
```

Das Beispiel zeigt die WENN-DANN-Logik („if…then…else") des Smart Contracts. Wenn ein Spieler eine Transaktion an den Smart Contract sendet, generiert dieser eine Zufallszahl. Ist diese durch zwei teilbar, verdoppelt der Smart Contract den Wetteinsatz des Spielers. Andernfalls verbleibt der Einsatz beim Smart Contract.

Freilich ist die Komplexität von Smart Contracts hierauf nicht beschränkt, sondern richtet sich nach der Anzahl der Parameter. Das gilt sowohl für die Bestimmung der digitalen Leistung als auch ihren Austausch. Entscheidend ist in beiden Fällen die softwarebasierte Analyse von Datenbanken. Sofern die rechtlich relevanten Handlungen und ihre Zeitpunkte und Abfolgen des Smart Contracts von digital prüfbaren Bedingungen abhängen, sind weder der Anzahl an Personen noch der Komplexität der Transaktionen Grenzen gesetzt (Sattler 2018, S. 2249). Dies geht so weit, dass mitunter gar digitale Unternehmen mittels miteinander verknüpfter Smart Contracts erschaffen werden (vgl. Abschn. 4.2.5).

Ebenso lässt sich aus dem einfachen Smart Contract zum Münzwurf schnell ein Derivat schaffen (Kaulartz und Heckmann 2016, S. 619): Dafür muss der Code nur eine Schnittstelle (siehe Abschn. 3.2.2.4) zur Börse erhalten und um Basiswert, Knock-out-Schwelle und Laufzeit erweitert werden. Die Bank müsste diese in einem Smart Contract abgebildete Kurswette weder überwachen noch steuern. Die Wette würde sich vielmehr selbst vollziehen und den Gewinn am Ende der Laufzeit eigenständig auszahlen. Der Vollzug der Wette würde durch die Blockchain gewährleistet.

3.2.1.2 Aufsetzen auf der Blockchain

Damit Codes als Smart Contract auf der Blockchain-Infrastruktur aufsetzen können, müssen sie in die Programmiersprache der Blockchain (bei Ethereum „Solidity") umgewandelt werden. Nach erfolgreicher Umwandlung (sog. Compile) kann der Smart Contract erstellt werden (sog. Deploy). Durch den Deploy wird der Smart Contract selbst Akteur des Netzwerks, d. h. er wird ein neuer Teilnehmer im Netzwerk der Blockchain, der rein nach den Regeln seines Codes agiert.

Zu diesem Zweck existieren bei Ethereum zwei verschiedene Formen von Accounts, zwischen denen Informationen ausgetauscht werden können: Externe Accounts der Nutzer, die mittels eines Private Key gesteuert werden können (wie auch bei Bitcoin) sowie sog. Contract-Accounts, die ausschließlich über Code gesteuert werden. Virtuell können die Teilnehmer daher sowohl mit anderen Teilnehmern als auch mit Smart Contracts interagieren (siehe Abb. 3.3).

Wie jeder Teilnehmer des Netzwerks erhält der Smart Contract bei Erstellung einen Public Key. Dadurch können Transaktionen direkt an den Smart Contract gesendet werden, dieser kann ein eigenes Guthaben besitzen und auf einer public Blockchain kann jedermann die Zuordnung zum Ersteller, den Erstellungszeitpunkt und die gesamte Transaktionshistorie einsehen. Anders als „echte" Teilnehmer des Netzwerks hat der Smart Contract aber keinen Private Key.

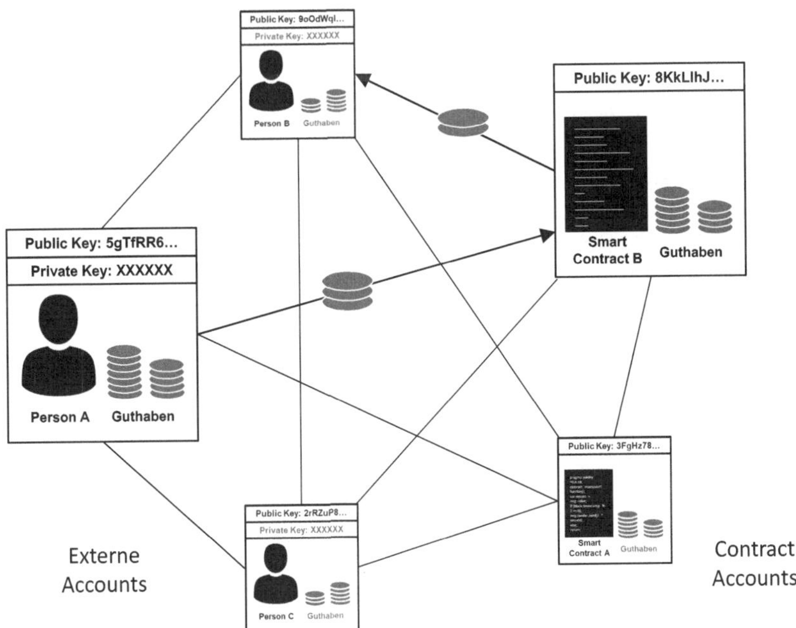

Abb. 3.3 Virtuelle Interaktionen zwischen externen Accounts und Contract Accounts innerhalb des Netzwerks

Denn: Grundsätzlich soll und kann nach Erstellung niemand den Smart Contract „aufschließen" und verändern. In diesem Falle fungiert der Smart Contract völlig automatisiert und verwaltet sich selbst, der Ersteller unterwirft sich dann der festgelegten Programmroutine. Da Fehler und Unzulänglichkeiten des Codes sich nicht verändern lassen, ist bei Erstellung klassischer Smart Contracts extreme Sorgfalt nötig. Selbst Tippfehler können hier grundsätzlich nur „behoben" werden, indem ein völlig neuer Smart Contract aufgesetzt wird.

> **Tipp** Ein Risiko bei Smart Contracts sind sog. Reentrancy-Lücken: Hierdurch können Hacker wiederholt in einen Smart Contract eintreten und dabei immer wieder eine gleiche Menge Kryptowährung „abheben", ohne dass der Kontostand aktualisiert wird.
> Eine Arbeitsgruppe der Universität Duisburg-Essen hat hierfür eine neue Abwehrtechnik namens „Sereum" entwickelt, mittels derer Datenflüsse bei Ausführung eines Smart Contracts überwacht und

inkonsistente Zustände automatisch erkannt und verhindert werden können. Das Besondere: Sereum lässt sich auch auf bereits veröffentlichte Smart Contracts anwenden, sodass diese nachträglich abgesichert werden können (vgl. zum Ganzen: Kremer 2019)

3.2.1.3 Möglichkeit zur Modifikation

Klassische Smart Contracts sind also anders als „normale" Software grundsätzlich nicht veränderbar und können somit keine Bugfixes, Funktionsupdates oder Modifikationen erhalten. Sie galten deswegen zwangsläufig als transparent, nicht manipulierbar und besonders sicher (siehe etwa: Scherk und Pöchhacker-Tröscher 2017, S. 7).

Weil keine Software ohne Fehler auskommt und Ersteller ihre Smart Contracts auch nach Deploy aktualisieren wollen, haben Programmierer eine Lösung gefunden, um teilweise modifizierbare Smart Contracts zu erstellen. Für diese Proxylösung muss der Code des Smart Contracts eine Verlinkung zu anderen Contracts (sog. Dispatcher) enthalten, die ihrerseits auf Logik enthaltende Contracts (sog. Libraries) verweisen (siehe Abb. 3.4). Der Code des Smart Contracts wird dann mit Dispatcher und Libraries zusammengelesen.

Dabei gilt eine entscheidende Besonderheit: Libraries können durch neue Versionen ersetzt werden. Dadurch entsteht eine Schnittstelle zu einer veränderlichen Datenquelle außerhalb des jeweiligen Smart Contracts. Der Ersteller kann dann neue Libraries mit anderer Logik erstellen und so die Funktionsweise des Smart Contracts „über Bande" nachträglich beeinflussen (vgl. Saini 2018).

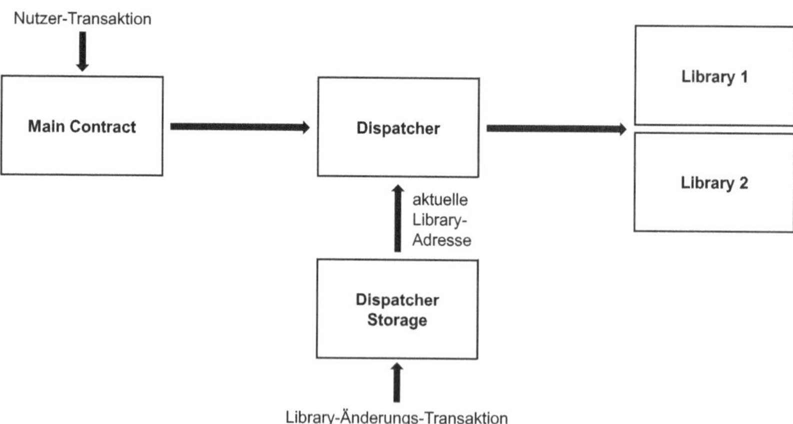

Abb. 3.4 Vereinfachte Darstellung eines modifizierbaren Smart Contracts. (in Anlehnung an Saini 2018)

> **Beispiel**
>
> Dieses Vorgehen lässt sich am Beispiel der Münzwurfwette illustrieren: Wird die Wette wie oben als klassischer Smart Contract aufgelegt, kann ihre Funktion (also Wettquote, Gewinnbetrag und Ausschüttung) nicht mehr vom Ersteller verändert werden. Um dieselbe Wette modifizierbar aufzulegen, könnte etwa anstelle der fixen Wettquote ein Wert aus einer Library verlinkt werden. Diese Library kann anschließend durch eine neue ersetzt werden, die eine andere Wettquote vorsieht. Der Nutzer bemerkt von alledem nichts.

3.2.2 Charakteristika von Smart Contracts

Als Softwareanwendung der Blockchain verfügen Smart Contracts über einige typische Charakteristika.

3.2.2.1 Automatisierung und Wegfall von Intermediären

Smart Contracts automatisieren digitale Transaktionen. Die Blockchain gewährleistet die hierfür notwendige Integrität und Verlässlichkeit der zugrunde liegenden Daten und die ordnungsgemäße Ausführung des Smart Contracts, sodass sich die Parteien im besten Falle weder kennen noch vertrauen müssen (Heckmann und Schmid 2017, S. 13). Dadurch können Gegenleistungsrisiken und Transaktionskosten erheblich gesenkt werden, da Transkationen direkt durchgeführt und nicht durch Dritte (etwa Anwälte, Banken) überwacht werden müssen (Scherk und Pöchhacker-Tröscher 2017, S. 27).

3.2.2.2 Transparenz und Rechtssicherheit

Da die Transaktionen an und von Smart Contracts in der Blockchain dauerhaft protokolliert werden, ist eine nachträgliche Manipulation von Kontoständen und Registereinträgen unmöglich (Heckmann und Schmid 2017, S. 14).

Auf öffentlichen Blockchains ist ein zusätzlicher Gewinn an Transparenz möglich, da sich hier alle Transaktionen zurückverfolgen und prüfen lassen. Zudem kann ein Gewinn an Rechtssicherheit entstehen, wenn Smart Contracts unveränderlich erstellt werden und Nutzer auf eine unverfälschte Transaktionsausführung vertrauen können (Kaulartz und Heckmann 2016, S. 619 f.). In jedem Falle müssen die Nutzer auf die Richtigkeit des Funktionscodes des Smart Contracts vertrauen können. Im Ethereum-Netzwerk können Smart Contracts dafür mittlerweile verifiziert werden. Das Tool „Etherscan" prüft, ob der vom Ersteller angegebene Funktionscode tatsächlich im konkreten Smart Contract niedergelegt ist.

3.2.2.3 Beschränkung auf Leistungen in der Blockchain

Smart Contracts können nur Leistungen erbringen, die sich digital in der Blockchain abbilden lassen. In erster Linie sind das Transaktionen und Registereinträge. Smart Contracts scheinen sich damit besonders für einfache Rechtsdurchsetzungen, wie Einzug von Zahlung und korrespondierender Freigabe bzw. Sperre der Sache, zu eignen (Schrey und Thalhofer 2017, S. 1431).

Wegen ihrer digitalen Natur können sie leicht standarisiert und vervielfältigt werden. Insbesondere Bereiche, in denen viele inhaltlich ähnliche oder gar identische Verträge verwendet werden, können so effizienter und kostengünstiger gestaltet werden (Scherk und Pöchhacker-Tröscher 2017, S. 27).

3.2.2.4 Beschränkung auf digital prüfbare Ereignisse

Smart Contracts können nur digital prüfbare Ereignisse abbilden, also solche, die sich in der binären Erfolgslogik bewegen. Sie haben dabei regelmäßig kein „smartes" Element im Sinne von künstlicher Intelligenz oder maschinellem Lernen. Komplexe Prüfaufgaben, die über eine reine true/false Betrachtung hinaus gehen, lassen sich deswegen von Smart Contracts aktuell nicht abbilden. Obwohl diese Software „smart" genannt wird, ist sie in dieser Hinsicht nicht smarter als andere Software (Paulus und Matzke 2018, S. 1905).

„Oracles" – Schnittstellen zur realen Welt

Smart Contracts können Ereignisse aus der „realen" Welt nur mittels IT-Schnittstellen (sog. Oracle) erfassen. Soll etwa eine Transaktion ausgeführt werden, wenn eine physische Ware übergeben wurde, benötigt der Smart Contract zunächst diese Information. Mittels eines Oracles für eingehende Daten können Datenfeeds über außerhalb der Blockchain eintretende Ereignisse, wie die Warenübergabe, abgerufen und berücksichtigt werden. Oracles können auch in umgekehrter Richtung Daten an Systeme außerhalb der Blockchain ausgeben (Scherk und Pöchhacker-Tröscher 2017, S. 27 f.; Niemann 2017, S. 14 ff.).

3.2.2.5 Anonymität

Die Verwendung von Smart Contracts ist grundsätzlich anonym. Da Smart Contracts einen eigenen Public Key besitzen, kommunizieren Nutzer direkt mit ihnen, um die gewünschte Leistung zu erhalten. Weil dieser im dezentralen Netzwerk der Blockchain liegt und nicht auf dem Server des Erstellers, werden bei Nutzung des Smart Contracts nur die anonymen Transaktionsdaten (Public Key, Datum, Betrag) gespeichert. Allerdings bieten mittlerweile einige Services an, Nutzer anhand der Transaktionsdaten zu identifizieren.

Die Parteien müssen ihre Identitäten somit grundsätzlich „manuell" offenlegen, wenn ihnen sicher daran gelegen ist, zu wissen, mit wem sie in Leistungsaustausch treten. Tun sie dies nicht, wird jede weitergehende Rechtsverfolgung faktisch unmöglich, da es mangels zentraler Netzwerkinstanz kaum eine Möglichkeit gibt, den verkrypteten Public Key einer konkreten Person zuzuordnen. Smart Contracts bieten sich deswegen eher dort an, wo entweder ein geringes Schlechtleistungsrisiko besteht und es deswegen nicht auf die Identität der Parteien ankommt oder dort, wo sich die Vertragsparteien schon kennen (Kaulartz und Heckmann 2016, S. 620).

Aktuelle und geplante Anwendungsfelder   4

> Die Potenziale von Smart Contracts sind bislang noch nicht vollständig erfasst, doch schon jetzt kommen sie in unterschiedlichen Bereichen zur Anwendung und eine Vielzahl weiterer Einsatzmöglichkeiten zeichnet sich bereits heute ab. Da sich im Grunde alles, was digital eindeutig darstell- und prüfbar ist, mithilfe von Smart Contracts automatisieren lässt, dürfte der Bedarf für ihre Verwendung mit der voranschreitenden Digitalisierung verschiedener Lebens- und Arbeitsbereiche und dem zunehmenden Einsatz der Blockchain-Technologie weiter wachsen. Ebenso werden zusätzliche bislang nicht absehbare Anwendungsfelder entstehen.

Nachfolgend können nur beispielhaft einige Bereiche vorgestellt werden, in denen der Einsatz von Smart Contracts diskutiert wird oder bereits erprobt wurde.

In diesem Zusammenhang wird zu Recht auf die Faustregel verwiesen, dass eine neue Technologie niemals nur um ihrer selbst willen eingeführt werden sollte. Denn diese kann immer nur Mittel zum Zweck sein, sodass stets der konkrete Nutzen im Vordergrund stehen muss (Braun 2017). Als Blockchain-Anwendung dürften sich Smart Contracts daher vor allem dort durchsetzen, wo aus dem spezifischen Potenzial einer Blockchain (insbesondere Datenintegrität und Verzicht auf Intermediäre) und der Möglichkeit einer Automatisierung besondere Vorteile für Anbieter und/oder Kunden erwachsen. Nach dem aktuellen Entwicklungsstand ist ihr (sinnvoller) Einsatz zudem auf solche Geschäfte beschränkt, deren Leistungen und Leistungsmodalitäten bereits im Vorfeld klar definiert werden können, die digital abbildbar sind und zudem eine geringe Anfälligkeit für Leistungsstörungen aufweisen (Heckmann und Schmid 2017, S. 26).

© Springer Fachmedien Wiesbaden GmbH, ein Teil von Springer Nature 2019   17
R. Wilkens und R. Falk, *Smart Contracts*, essentials,
https://doi.org/10.1007/978-3-658-27963-9_4

4.1   Allgemeine Unterscheidung der Anwendungsformen

Die Anwendungsmöglichkeiten lassen sich grundsätzlich in zwei Formen unterteilen: Einerseits kann die Durchführung bzw. der Vollzug bereits bestehender Verträge in einem Smart Contract festgelegt, also nur der letztendliche Leistungsaustausch automatisiert werden. Andererseits kann dem Computer teilweise auch das vorausgehende Zustandekommen einer Leistungsbeziehung überantwortet werden, sodass bspw. der Zeitpunkt und/oder die genauen Konditionen durch ein Programm festgelegt werden (vgl. Abschn. 5.2).

Die alleinige Abwicklung des Leistungsaustauschs (Vertragsvollzug) kann u. a. eine Effizienzsteigerung innerhalb bestehender Leistungsbeziehungen bewirken, wenn die Vertragsinhalte nicht (mehr) speziell ausgehandelt werden müssen – etwa bei der Lieferung von Massenwaren.

Beispiel

Ein Lebensmittelhersteller wickelt die Nachbestellung von Zutaten mit seinen Lieferanten über Smart Contracts ab.

Ein anderer großer Vorteil entsteht aus dem durch Smart Contracts ersetzten Vertrauen in unbekannte Vertragspartner und deren Leistungsbereitschaft bzw. -fähigkeit. Denn die Automatisierung des Leistungsvollzugs bei Erfüllung der Vertragsbedingungen sowie ggf. die lückenlose Dokumentation in einer Blockchain reduzieren die Möglichkeiten für Betrug und menschliche Fehler bei der Vertragsdurchführung (vgl. Heckmann und Schmid 2017, S. 16, 28).

Das größte Potenzial wird allerdings in der Verbindung von Smart Contracts mit einer anderen disruptiven Digitalisierungstechnologie gesehen – dem Internet der Dinge. Hierdurch sollen sich mit dem Internet verbundene Geräte zunehmend selbstständig organisieren und eigenständig Austauschbeziehungen eingehen sowie Transaktionen durchführen, ohne dass ein menschliches Eingreifen erforderlich ist.

4.2   Ausgewählte Einsatzbereiche

4.2.1   Internet of Things und Sharing Economy

Mit dem Sammelbegriff „Internet der Dinge" (Internet of Things bzw. IoT) wird eine globale technologische Infrastruktur beschrieben, in der physische und virtuelle Gegenstände miteinander vernetzt sind und als quasi eigenständige

Teilnehmer eines Netzwerks sowohl mit dem Menschen als auch untereinander interagieren können. Hierfür sind vernetzte Alltagsgegenstände erforderlich, die mit der Fähigkeit zur Wahrnehmung, Erkennung und Verarbeitung ausgestattet sind und mit anderen Objekten und Diensten zweckgerichtet kommunizieren können. Smart Contracts können dabei vor allem für die Kommunikation bzw. den Datenaustausch sowie die Selbstorganisation einschließlich selbstständiger Zahlungsabwicklung von intelligenten, vernetzten Geräten eingesetzt werden und so letztlich zur Entstehung einer „Economy of Things" beitragen. So sollen vernetzte Maschinen bspw. eigenständig Produktionsmaterialien, Ersatzteile und Wartungsarbeiten anfordern, Rechenleistung und Energie teilen etc. und auf diese Weise verteilte Handelsplätze bilden (Scherk und Pöchhacker-Tröscher 2017, S. 8, 24, 35).

Beispiel

Ein bereits von IBM und Samsung erprobtes Beispiel hierfür ist eine Waschmaschine, die selbstständig zur Neige gehendes Waschmittel nachordern und bezahlen sowie im Schadensfall den eigenen Garantiestatus überprüfen und einen geeigneten Handwerker bestellen kann. Darüber hinaus kann die Maschine den lokal über Photovoltaikanlagen erzeugten Strom von Gemeindemitgliedern nutzen (vgl. hierzu auch: Abschn. 4.2.2) und diesen im Gegenzug eine bestimmte Anzahl von Waschgängen anbieten (Scherk und Pöchhacker-Tröscher 2017, S. 35).

Durch die vertrauenswürdige und transparente Speicherung von Informationen und der Möglichkeit eines automatisierten Leistungsaustauschs soll die Verbindung von Blockchains und Smart Contracts mit vernetzten Objekten auch der sog. Sharing Economy einen weiteren Schub geben. So können etwa bei der Vermietung von Wohnraum, Maschinen oder sonstigen Gegenständen die Gebühren, Sicherheiten sowie Zugangs- und Nutzungsberechtigungen in Smart Contracts abgebildet werden. Über diese können dann automatisch die digital gesteuerten Schlösser von gemieteten Autos, Fahrrädern, Ferienwohnungen etc. mit einem Smartphone geöffnet werden, sofern die entsprechenden Gebühren gezahlt worden sind. Physische Schlüsselübergaben oder Buchungen im Vorfeld könnten hierdurch der Vergangenheit angehören. Potenziell soll auf diese Weise alles vermiet- oder teilbar werden, was in einem geschäftlichen Umfeld und im Privatbereich zur Verfügung steht (Fritsche 2018, S. 13). Teilweise wird auch prophezeit, dass Plattformbetreiber wie Airbnb oder Uber, die als Vermittler für die Leistungen Dritter auftreten, weitgehend überflüssig werden, wenn Anbieter und (potenzielle) Kunden bzw. Mietgegenstände und Mieter direkt vernetzt sind und Informationsaustausch und Zahlungen unmittelbar zwischen den Beteiligten abgewickelt werden können (Scherk und Pöchhacker-Tröscher 2017, S. 8).

Generell wird Smart Contracts eine Schlüsselrolle in dem anhaltenden Trend weg von Kauf- und hin zu reinen Nutzungsmodellen zugeschrieben. Anstatt Autos, Filme, Musik, Computerprogramme etc. einmalig zu kaufen, werden zunehmend lediglich zeitlich begrenzte Nutzungsrechte erworben oder die Bezahlung bemisst sich anhand des Ausmaßes der tatsächlichen Nutzung (Pay-per-Use).

> **Beispiel**
>
> Ein Beispiel ist der Fahrzeugmarkt, wo verschiedene Sharing-Modelle be- bzw. entstehen: Einerseits könnten private Halter ihre Fahrzeuge in der Zeit, in der sie diese nicht selbst nutzen, an andere vermieten. Smart Contracts sollen hierbei zum Einsatz kommen, um ein sicheres und einfaches Carsharing zu ermöglichen, indem die Zahlung der Nutzungsgebühren (sowie ggf. weiterer Transaktionen, wie bspw. Maut- und Parkgebühren, das Aufladen an Elektrostationen etc.) direkt und automatisiert sowie ohne Verwaltungsaufwand erfolgt (Fritsche 2018, S. 14). Auch die Hersteller von Fahrzeugen gehen dazu über, diese nicht mehr einmalig zu verkaufen, sondern fahrtweise zu vermieten, wodurch relativ langfristige und gleichmäßige Cashflows entstehen sollen (vgl. Scherk und Pöchhacker-Tröscher 2017, S. 40). Verbunden mit den Anstrengungen im Bereich autonomes Fahren ergibt sich letztlich auch das Zukunftsbild selbstfahrender Taxis, die ohne menschliches Zutun „ihre eigenen" Dienstleistungen direkt mit den Nutzern selbstständig abrechnen (Heckmann und Schmid 2017, S. 8 f.).

4.2.2 Dezentrale Energieversorgung

Auch der Themenbereich Energieversorgung ist ein gutes Beispiel dafür, wie die Verbindung (blockchainbasierter) Smart Contracts mit dem IoT zur Lösung bestehender Probleme beitragen kann. Aktuell ist der Energiesektor von zwei Trends geprägt: Einerseits erfolgt die Stromeinspeisung zunehmend dezentral, da neben den Großkraftwerken vermehrt einzelne Eigenheimbesitzer mit Photovoltaikanlagen als Stromproduzenten auftreten (sog. Prosumer, also ein Haushalt, der zugleich Produzent und Konsument ist). Andererseits führen die hohen Schwankungen bei der Einspeisung erneuerbarer Energien zu steigenden Anforderungen an die bislang zentral organisierte Koordination von Angebot und Nachfrage (Heckmann und Schmid 2017, S. 9). Durch den Einsatz von Smart Contracts soll es lokalen

Energieproduzenten und -konsumenten ermöglicht werden, in einem echtzeitbasierten dezentralen Energiemarkt (sog. Microgrid) direkt – also ohne Einbindung zentraler Stromanbieter als Intermediäre – miteinander verbunden zu sein. Hierbei könnte ein automatischer Austausch von Informationen über die verfügbare (überschüssige) Energiemenge der Anbieter und den Energiebedarf der Nutzer erfolgen, was wiederum die Automatisierung von Preisverhandlungen und Transaktionen ermöglicht (Scherk und Pöchhacker-Tröscher 2017, S. 8, 41).

Disruptives Potenzial und rechtliche Hürden
Obgleich es sich hierbei noch um „Zukunftsmusik" handelt und zudem bezweifelt werden muss, dass die großen Akteure des Energiemarkts hierdurch auf absehbare Zeit vollständig ersetzt werden, dürfte der beschriebene Einsatz von Smart Contracts langfristig zumindest zu einer größeren Emanzipation der Verbraucher von der Marktmacht klassischer Energieversorger und zur höheren Attraktivität einer umweltfreundlichen Heimstrom-Erzeugung führen (Overkamp und Schings 2019, S. 4). Allerdings sind hierfür noch einige rechtliche Hürden zu überwinden, da Microgrids nicht unter den Ausnahmefall der räumlich begrenzten Kundenanlage (§ 3 Nr. 24a Energiewirtschaftsgesetz) fallen und daher aktuell dem energiewirtschaftlichen Regulierungsregime unterstehen (ausführlich zu den daraus erwachsenden rechtlichen Schwierigkeiten: Overkamp und Schings 2019, S. 4 ff.).

4.2.3 Tantiemen

Durch den Einsatz von Smart Contracts könnten die an der Erstellung künstlerischer Werke beteiligten Akteure auch transparenter und vollständiger an der kommerziellen Verbreitung ihrer Werke partizipieren. Erste Ansätze hierfür gibt es bspw. schon in der Musikindustrie.

Beispiel

Das Start-up Mycelia (www.myceliaformusic.org) hat sich die Verbindung von Musikvertrieb und Blockchain-Technologie zur Aufgabe gemacht, wobei Smart Contracts die automatische Durchsetzung von Tantiemen und Lizenzvereinbarungen übernehmen sollen. Auf diese Weise können die durch den (Online-)Verkauf eines Songs erzielten Erlöse automatisch an alle an der Erstellung dieses Songs beteiligten Personen anteilig weitergeleitet werden. Einen ähnlichen Ansatz verfolgte auch das Projekt ascribe (www.ascribe.io) in Bezug auf Digital-Kunst, wobei betont wurde, dass das Konzept im Grunde ebenso für die Verbreitung anderer Formen von geistigem Eigentum sowie von personenbezogenen Daten Anwendung finden könne.

4.2.4 Neue Methoden der Unternehmensfinanzierung

Besondere Aufmerksamkeit erlangten von Anfang an Unternehmensfinanzierungen auf Basis der Blockchain-Technologie. Dafür werden grundsätzlich vom emittierenden Unternehmen sog. Token (Wertmarken) aufgelegt, die auf der Blockchain gehandelt werden können. Ein System wie im Casino: Um an den Spielen des Casinos (Emittent) teilnehmen zu können, müssen zunächst Euros (Ether) gegen die speziellen Jetons dieses Casinos (Token) getauscht werden. Der Nutzer speichert erworbene Token in seiner digitalen Geldbörse (sog. Wallet). Teilweise können Token zu Leistungen des Unternehmens berechtigen (sog. Utility Token) und unter den Nutzern über spezielle Kryptobörsen gehandelt werden (Hahn und Wilkens 2019, S. 12 f.). Oftmals werden die Leistungen dann mithilfe von Smart Contracts automatisch erbracht, sobald ein Nutzer eine bestimmte Anzahl der jeweiligen Token an den speziell hierfür programmierten Smart Contract sendet.

Das erstmalige öffentliche Angebot der Token wird als Initial Coin Offering (ICO) bzw. Token Generating Event (TGE) bezeichnet oder einfach als Token Sale. Hierbei können Token in einem bestimmten Zeitraum durch Dritte erworben werden, zumeist gegen Krypto- oder Fiatwährungen. Dieser Tausch wird ebenfalls regelmäßig über Smart Contracts abgewickelt: Wer bspw. eine bestimmte Menge der Kryptowährung Ether an den Smart Contract sendet, erhält von diesem automatisch die entsprechende Anzahl der jeweiligen Token zurück. Token Sales fungieren dadurch als blockchainbasierte Kapitalaufnahme, wobei die Investoren meist auch auf Wertsteigerungen der Token hoffen. Mittlerweile werden Token Sales von umfangreichen Marketing Kampagnen begleitet und gliedern sich oftmals in mehrere Phasen für institutionelle und private Investoren (Hahn und Wilkens 2019, S. 13).

Inzwischen haben sich auch noch andere Modelle zur Finanzierung mittels Token herausgebildet. Besonders erfolgreich sind dabei sog. Security Token Offerings (STO). Diese gelten als zweite Generation von Krypto-Finanzierungen. Anders als ein klassischer ICO ist ein STO eine durch die Finanzaufsichtsbehörden regulierte Emission tokenisierter Wertpapiere. Dabei können den Investoren letztlich vielfältige – mit den jeweiligen Token verknüpfte – Rechte eingeräumt werden, bspw. Gewinnbeteiligungs- und/oder Stimmrechte ähnlich einer Aktie, ohne dass das jeweilige Unternehmen börsennotiert sein muss. Es handelt sich also um digitale Vermögenswerte auf Basis der Blockchain-Technologie, die Wertpapieren weitestgehend gleichgestellt sind. Ein STO darf deswegen in Deutschland regelmäßig erst nach Veröffentlichung eines von der BaFin genehmigten Wertpapierprospekts durchgeführt werden (ausführlich zum Ganzen: Hahn und Wilkens 2019).

> **Tipp** Token Offerings sind schnell zu einem veritablen Geschäftsfeld mit eigenen betriebswirtschaftlichen und regulatorischen Anforderungen geworden. Eine vertiefende Einführung in die Unternehmensfinanzierung mittels ICOs bietet das gleichnamige *essential* (Hahn und Wons, Initial Coin Offering (ICO)).

4.2.5 Digitale Unternehmen

Mithilfe mehrerer (miteinander interagierender) Smart Contracts können auch sog. decentralized applications bzw. „DAPPs" konstruiert werden, also dezentrale Anwendungen auf der Blockchain, die – ebenso wie herkömmliche Apps – den unterschiedlichsten Zwecken dienen können. Allerdings werden sie nicht von einer zentralen Stelle betrieben und gesteuert, sondern dezentral ausgeführt.

Eine besonders ambitionierte Form von DAPPs ist die sog. Decentralized Autonomous Organization (DAO). Hierbei handelt es sich um eine allein auf der Blockchain basierende Unternehmens- bzw. Organisationsform, die weder einen Firmensitz noch ein hierarchisches Management hat und dennoch voll funktionsfähig ist. Denn die Personen, die sich als Kapitalgeber an einer DAO beteiligen, erhalten im Gegenzug spezielle Token (vgl. hierzu bereits: Abschn. 4.2.4), mittels derer sie einerseits in einem automatisierten Abstimmungsverfahren über die Verwendung des gepoolten Kapitals mitentscheiden können und andererseits an den ggf. erzielten Investitionserlösen beteiligt werden. Da die gesamte Transaktionshistorie einer DAO auf der Blockchain fixiert und damit für jeden offen einsehbar ist, kann man von einer Art staatenlosen, vollständig transparenten und unveränderbaren (sowie unbestechlichen) Unternehmen sprechen, an denen sich jeder durch den Erwerb der jeweiligen Token beteiligen und seine Anteile auch weltweit weiterveräußern kann (Hahn und Wilkens 2019, S. 14).

„The DAO" – Ein lehrreicher erster Versuch

Als erster Versuch in diese Richtung gilt die Organisation „The DAO". Diese scheiterte jedoch aufgrund eines fehlerhaften Smart Contract Codes, durch den ein Hacker einen großen Teil des eingesammelten Kapitals auf sich vereinigen konnte. Doch auch unabhängig von der Korrektheit des Codes konnte The DAO einige Grenzen aufzeigen, denen solche digitalen Gesellschaften im Allgemeinen (noch) unterliegen. So sehen sich DAOs insbesondere dem Einwand ausgesetzt, dass die Technik (bislang) nicht in der Lage sei, komplexe Entscheidungsprozesse oder Ad-hoc-Reaktionen digital zu automatisieren, etwa weil zum Aufbau von Rechtsbeziehungen zu außerhalb der Blockchain existierenden Systemen und Personen die Einschaltung eines Treuhänders erforderlich ist, um überhaupt rechtsverbindliche Willenserklärungen abgeben zu können (Sattler 2018, S. 2250).

4.2.6 Wertschöpfungsketten

Auch im Supply Chain Management soll der Einsatz von Smart Contracts und Blockchains zahlreiche Vorteile im Hinblick auf Sicherheit, Transparenz und Schnelligkeit bringen. Neben der Sicherstellung der Integrität des Datenaustauschs zwischen den zahlreichen Wertschöpfungspartnern, können hierdurch etwa Bestell- und Zahlungsvorgänge automatisiert werden (Heckmann und Schmid 2017, S. 9). Zudem bieten Smart Contracts die Möglichkeit, Produkte und Rohstoffe innerhalb der Lieferkette zu überwachen und mit den dabei gewonnenen Daten automatisch die Einhaltung der (in Smart Contracts hinterlegten) Transport- und Verkaufsbedingungen sicherzustellen. So können während des Transports etwa Messdaten, Transporteur- und Messgerät-Signaturen, Transportsegmente und Zeitstempel in einem „digitalen Reisepass" des jeweiligen Guts dokumentiert werden.

Beispiel

Wird bspw. beim Transport von Lebensmitteln oder Medikamenten die Kühlkette nicht eingehalten, würde der Smart Contract dies erfassen und die Annahme oder Auslieferung der Bestellung könnte automatisch unterbunden werden. Smart Contracts könnten darüber hinaus prüfen, ob die Voraussetzungen zur Versicherung eines Transportsegments erfüllt sind und bei Eintritt des Versicherungsfalls eine automatische Zahlung an den Eigentümer der Ware veranlassen.

4.2.7 Versicherungswesen

Im Versicherungswesen wurden schon erste Testläufe unternommen, um Zahlungen bei Eintritt bestimmter (Schadens-) Ereignisse mithilfe von Smart Contracts zu automatisieren.

Beispiel

Bereits im Jahr 2016 gab es ein erfolgreiches Pilotprojekt zur Nutzung von blockchainbasierten Smart Contracts bei der Durchführung eines Naturkatastrophen-Swaps. Bei sog. „Cat"-Swaps und -Anleihen handelt es sich um

Finanzinstrumente, mit denen bestimmte Risiken (meist Naturkatastrophen) von einem Versicherer auf andere Versicherer oder Investoren übertragen werden. Das maßgebliche Trigger-Ereignis wird zuvor mit genauen Parametern definiert. Der Testlauf zeigte, dass die Abwicklung von Transaktions- und Zahlungsprozessen zwischen den Versicherern und Investoren durch Smart Contracts deutlich schneller und einfacher möglich ist, da bei Eintritt des zuvor festgelegten Trigger-Ereignisses alle Zahlungen von und zu den jeweiligen Vertragspartnern automatisch ausgeführt werden (Allianz 2016).

Andere Anwendungsbeispiele sind etwa Flugausfallversicherungen, wobei auf Basis der öffentlichen Lande- und Abflugdaten von Flugzeugen automatisch Verspätungen ermittelt und ggf. die Versicherungssummen direkt ausgezahlt werden können. Das Konzept lässt sich ebenso auf andere Bereiche übertragen und mit sensorgestützten Versicherungen verbinden, bspw. die automatisierte Abwicklung von Ernteversicherung durch Smart Contracts, die auf Messdaten von Regensensoren zugreifen. Umgekehrt kann auch die sensorbasierte Anpassung von Versicherungsbeiträgen durch Smart Contracts automatisiert werden. Ein bekanntes Bsp. ist das sog. Pay-as-you-drive-Prinzip, wobei sich die Versicherungsprämien bei einem (sensorisch ermittelten) riskanten Fahrstil automatisch erhöhen sollen (vgl. Heckmann und Schmid 2017, S. 41).

4.2.8 Finanzwirtschaft

Die formale Abwicklung von internationalen Geldtransfers, Wertpapiertransaktionen oder Handelsfinanzierungsaktivitäten kann aufgrund einiger manuell abzuwickelnder Prozesse teilweise mehrere Tage in Anspruch nehmen. Blockchainbasierte Smart Contracts sollen hierbei durch Automatisierung zu mehr Effizienz und Effektivität führen.

Beispiel

Beispielsweise können Credit Default Swaps (CDS), die das Risiko von Kreditausfällen absichern, durch die Blockchain-Technologie und Smart Contracts gesteuert werden. Während Letztere die Berechnungslogik enthalten, um bei Eintritt bestimmter Ereignisse die nötigen Aktivitäten durchzuführen, können die zugehörigen Informationen (individuelle Handelsdetails, Risikobewertungen der Handelspartner oder die systematische Aussetzung für jede Referenzeinheit) parallel in der Blockchain aufgezeichnet werden.

Dies soll einen neuen Grad der Überprüfung und Transparenz von komplexen Finanzprodukten für alle beteiligten Akteure sowie für die Behörden ermöglichen (Naceur 2016).

Auch der internationale Geldtransfer soll mithilfe von Blockchains und Smart Contracts vereinfacht und beschleunigt werden. In diesem Zusammenhang hat bspw. die Royal Bank of Scotland eine Zahlungsverkehrs-Anwendung auf Grundlage von Ethereum entwickelt und erfolgreich getestet (Creer et al. 2016).

4.2.9 Politik und Verwaltung

Der Einsatz von Blockchains und darauf basierenden Smart Contracts soll auch zahlreiche Verbesserungen in Politik und Verwaltung bringen, etwa als Grundlage verschiedener digitaler öffentlicher Services, neuer Registerformen oder der Durchführung von Wahlen (Scherk und Pöchhacker-Tröscher 2017, S. 8). Insbesondere die Stadt Zug (Schweiz) hat bei diesem Thema eine Vorreiterrolle eingenommen und erfolgreiche Pilotprojekte in verschiedenen Bereichen gestartet.

Beispiel

Smart Contracts könnten dabei bspw. für eine effizientere Steuererhebung zum Einsatz kommen. Steuern würden dadurch automatisch an den Staat abgeführt, wodurch vor allem die Transparenz steigen und die administrativen Kosten sinken würden (Fritsche 2018, S. 14).

4.2.10 Anwalts- und Notariatswesen

Zumindest der Begriff „Smart Contract" könnte auch zu der Annahme verleiten, dass zukünftig die Arbeit von Vertragsjuristen automatisiert wird oder diese nur noch bei der Ausgestaltung entsprechender Codes mitwirken. Tatsächlich wird mitunter davon ausgegangen, dass Smart Contracts eine disruptive Wirkung auf das Anwalts- und Notariatswesen entfalten und dieses in einigen Bereichen ersetzen könnten (Scherk und Pöchhacker-Tröscher 2017, S. 28).

Hierbei ist jedoch zu differenzieren: Die gerichtliche Durchsetzung von vertraglichen (Leistungs-) Ansprüchen, einschließlich der damit verbundenen Anwaltstätigkeit, könnte tatsächlich entbehrlich werden, soweit ein Smart Contract den Vollzug sicherstellt. Allerdings regelt das Vertragsrecht weit mehr als die jeweiligen Hauptpflichten der Parteien. Man denke hierbei an einen Mietvertrag. Dessen vollständige Automatisierung würde bedeuten, alle möglichen Eventualfälle vorauszuahnen und ihren Eintritt digital erfassbar zu machen, damit sämtliche Rechtsfolgen im Code berücksichtigt werden könnten. Bei derzeitigem Entwicklungsstand lassen sich daher allenfalls sehr kleine Teilbereiche automatisieren (Dülpers 2017). Zudem können Smart Contracts nur schwerlich unbestimmte Rechtsbegriffe auslegen, bspw. wann eine Frist „angemessen" ist. Dies erfordert stets eine einzelfallabhängige Wertung.

Auch die notarielle Tätigkeit kann größtenteils nicht von Smart Contracts übernommen werden. Grund dafür ist, dass etwa der Zwang zu einer notariellen Beurkundung vordergründig mit der Beratungs-, Aufklärungs- und Warnfunktion eines Notars zusammenhängt. Dieser soll die Beteiligten u. a. über die rechtlichen Folgen und die Bedeutung eines bestimmten Rechtsgeschäfts aufklären und beraten (vgl. § 17 ff. Beurkundungsgesetz, § 24 Bundesnotarordnung). Solche Aufgaben können in absehbarer Zeit nicht in vergleichbarer Qualität automatisiert werden (vgl. Rosenthal 2019).

4.3 Risiken und Herausforderungen

Aktuell ergeben sich noch verschiedene Herausforderungen, die insbesondere mit der technischen Ausgestaltung und Programmlogik von Smart Contracts, der Technikunreife und offenen rechtlichen Fragen zusammenhängen:

- Umfang und Komplexität des in Smart Contracts abgebildeten Vertragsinhalts sind begrenzt, ebenso die Skalierbarkeit der Blockchain-Infrastruktur als solcher;
- fehlende klare Standards erschweren die Interoperabilität zwischen verschiedenen Plattformen;
- Risiken aus ggf. nicht mehr behebbaren Programmierfehlern (Abweichungen vom vertraglich Vereinbarten, Auslösung ungewollter Transaktionen, Sicherheitslücken etc.);
- unbestimmte Rechtsbegriffe lassen sich kaum mit einer Wahr-/Falsch-Logik abbilden;
- die teilweise erforderliche Einbindung sog. Oracles (siehe Abschn. 3.2.2.4.) läuft einem mit der Blockchain-Technologie verfolgten Hauptziel zuwider, da die Notwendigkeit des Vertrauens in Dritte gerade überwunden werden sollte;

- veränderte Rollen der Parteien durch den Verzicht auf vermittelnde Zwischeninstanzen und eine dadurch bedingte höhere Eigenverantwortung der Verbraucher;
- Anwendungen gehen zulasten der Verbraucher, wenn deren Rechte faktisch ausgehebelt und ein De-facto-Recht des Stärkeren etabliert werden (Bsp.: automatische Aktivierung einer Fahrzeugsperre bei Nichtzahlung der Leasingraten, vgl. Dülpers 2017);
- grundsätzliche Regulierungsfragen (insbesondere im Hinblick auf den Regelungsadressaten) aufgrund der dezentralen und meist grenzüberschreitenden Technologie.

Derzeit werden verschiedene Anstrengungen unternommen, um diese und weitere Problemfelder zu bearbeiten.

Beispiel

Bspw. arbeitet die Enterprise Ethereum Alliance, ein 2017 ins Leben gerufener Zusammenschluss führender Technologie- und Finanzunternehmen, an der Förderung von Standards und Best Practices, um den professionellen, sicheren und skalierbaren Einsatz der Blockchain- und Smart Contract-Technologien in Unternehmen voranzutreiben.

Rechtliche Aspekte 5

Die juristische Betrachtung von Smart Contracts ist grundsätzlich unterteilt in die rechtliche Bewertung des Vertragsverhältnisses und die resultierenden Rechte und Pflichten der Parteien eines Smart Contracts auf der einen Seite und die regulatorischen Anforderungen, denen Smart Contracts bzw. die Infrastruktur Blockchain genügen müssen, auf der anderen Seite.

Obwohl Blockchains und ihre Anwendungen in der Regel im globalen Maßstab gedacht und länderübergreifend implementiert werden, ist das anzuwendende Recht weitestgehend national. Je nach Herkunftsland der Nutzer bzw. getroffener Rechtswahlvereinbarung können völlig verschiedene Rechtssysteme zur Anwendung kommen. Die verschiedenen Rechtssysteme stellen wiederum unterschiedliche Anforderungen an Smart Contracts. Deshalb konzentriert sich die vorliegende Betrachtung auf die rechtliche Beurteilung von Smart Contracts nach deutschem Zivilrecht.

5.1 Anwendung des Zivilrechts oder „Code is Law"?

Mitunter wird für Smart Contracts die Losung „Code is Law" ausgegeben. Danach soll ausschließlich die Programmierung der Software das rechtliche Verhältnis zwischen ihren Nutzern bestimmen und gesetzliche Anforderungen nicht gelten.

Beispiel

Extrembeispiel hierfür ist The Dao (siehe Abschn. 4.2.5), dessen Geschäftsbedingungen vorsahen, dass die Rechte und Pflichten der Teilnehmer einzig aus dem Quellcode seines Smart Contracts folgen und unter keinen inneren

R. Wilkens und R. Falk, *Smart Contracts*, essentials,
https://doi.org/10.1007/978-3-658-27963-9_5

wie äußeren Umständen verändert werden können. Einem unbekannten Nutzer gelang es unter Ausnutzung einer Lücke des Codes, große Teile des eingesammelten Kapitals auf sich zu vereinigen. Gemäß dem durch die Geschäftsbedingungen statuierten „Code is Law"-Prinzip hatten die übrigen Einleger keinen Anspruch auf Entschädigung, weil ihre Einlagen nur in konsequenter Anwendung des Codes abgezweigt worden sind. Die überwiegende Zahl der Teilnehmer empfand den Zustand letztlich gleichwohl als ungerecht, weshalb sie sich auf eine forcierte Abspaltung der Blockchain (Hard Fork) einigen und so eine Rückgewähr der Einlagen bewirken konnten.

Das Bürgerliche Gesetzbuch (BGB) verhindert solche Zustände, indem es in seinem Geltungsbereich grundsätzliche Anforderungen an alle Formen rechtlich relevanten Verhaltens stellt. Dabei herrscht im Zivilrecht zwar der Grundsatz der Vertragsfreiheit, wonach die Festlegung von Leistung und Gegenleistung der freien Entscheidung der Parteien überlassen ist. Die Vertragsparteien können deshalb weite Teile des gesetzlichen Vertragsrechts ausschließen und eigene Regelungen vereinbaren. Allerdings gilt diese Freiheit nicht uneingeschränkt. Je nach Rechtsgeschäft und Art der Vereinbarung stellt das BGB nämlich zwingende Anforderungen, wie etwa die zwingenden Verbote von Wucher (§ 138 BGB), Zinseszins (§ 248 BGB) und der Umgehung von AGB-Vorschriften (§ 306a BGB) und des Verbraucherschutzes (§ 487 BGB). Vereinbarungen, die gegen zwingende gesetzliche Anforderungen verstoßen, sind unwirksam und finden keine Anwendung. Teilweise kann in Folge sogar das gesamte Rechtsgeschäft nichtig sein.

Trotz der Losung Code is Law stehen Smart Contracts nicht außerhalb des Gesetzes. Das Zivilrecht stellt an Rechtsgeschäfte zwingende Anforderungen, die auch für Smart Contracts gelten.

5.2   Rechtliche Qualifikation von Smart Contracts

Rechtlich gesehen, ist der Begriff Smart Contract irreführend. Es handelt sich bei Smart Contracts nicht um ein irgendwie geartetes Vertragsdokument, das die Rechte und Pflichten der Parteien verbindlich wiedergibt. Vielmehr gilt regelmäßig der umgekehrte Fall, sodass lediglich versucht wird, die Bedingungen und Rechtsfolgen eines (ggf. schon bestehenden oder noch zu schließenden) Vertrages mithilfe des Smart Contract Codes ab- bzw. nachzubilden. Auch ist die Qualifikation eines Rechtsgeschäfts unabhängig von dem möglichen Einsatz eines Smart Contracts (Bundestags-Drucksache Nr. 19/851, S. 3).

Je nach Verwendung eines Smart Contracts kann dessen Nutzung aber entweder mit dem Abschluss und/oder Vollzug eines Rechtsgeschäfts zusammenfallen oder nur technisch dem Vollzug eines anderweitig vereinbarten Vertrags dienen. Dabei kann die Verwendung vom Nutzer gesteuert werden oder beidseitig automatisiert zwischen Maschinen erfolgen.

Damit die Verwendung von Smart Contracts als Rechtsgeschäft qualifiziert werden kann, muss sie Gegenstand zweier übereinstimmender Willenserklärungen (Angebot und Annahme) sein. Das Zivilrecht kennt dabei das schuldrechtliche Verpflichtungsgeschäft und das dingliche Verfügungsgeschäft. In welcher Form die Willenserklärungen abgegeben werden (mündlich, schriftlich, konkludent durch schlüssiges Verhalten etc.), ist – mit Ausnahme speziell geregelter Formzwänge (siehe Abschn. 5.5) – unerheblich für die Wirksamkeit eines Rechtsgeschäfts.

5.2.1 Einseitig automatisierter Abschluss und Vollzug per Smart Contract

Einseitig automatisierte Vertragsschlüsse unter Verwendung von Smart Contracts löst das geltende Zivilrecht zuverlässig.

Hier wird der Smart Contract wie ein Warenautomat genutzt, den der Aufsteller zunächst mit Ware und Vertragsbedingungen ausstattet und der Nutzer entsprechend bedient. Ebenso löst der Nutzer mit seiner Transaktion an den Smart Contract dessen Funktionen zu den vom Ersteller vorgegebenen Bedingungen aus (vgl. Abb. 5.1). Dabei fällt die Nutzung des Smart Contracts mit der (konkludenten) Äußerung der schuldrechtlichen Willenserklärungen und der dinglichen Übereignung zusammen (Paulus und Matzke 2018, S. 450).

Da die Kundgabe des Willens einer Person, die den Eintritt einer Rechtswirkung beabsichtigt (Willenserklärung im Rechtssinne), auf jede erdenkliche Art erfolgen kann, lässt sich auch die Erstellung eines Smart Contracts oder die Tätigung einer Transaktion an diesen jeweils als Willenserklärung der Parteien qualifizieren. Das gilt unabhängig von der rechtsdogmatischen Beurteilung, ob man im Erstellen des Smart Contracts ein Angebot an unbestimmte Personen oder eine Aufforderung zur Abgabe eines Angebots erblickt (Heckelmann 2018, S. 505).

Der rechtserhebliche Inhalt der Erklärung wird gem. §§ 133, 157 BGB anhand des objektiven Empfängerhorizonts festgestellt. Danach ist die Willenserklärung inhaltlich so auszulegen, wie ein objektiver Dritter sie in der Position des Empfängers auffassen würde. Daher sind neben der Erklärung selbst auch die Umstände ihrer Abgabe zu berücksichtigen. Bei Smart Contracts sind das

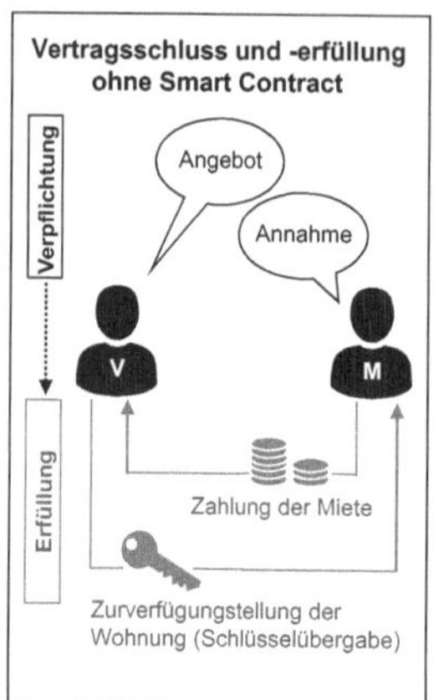

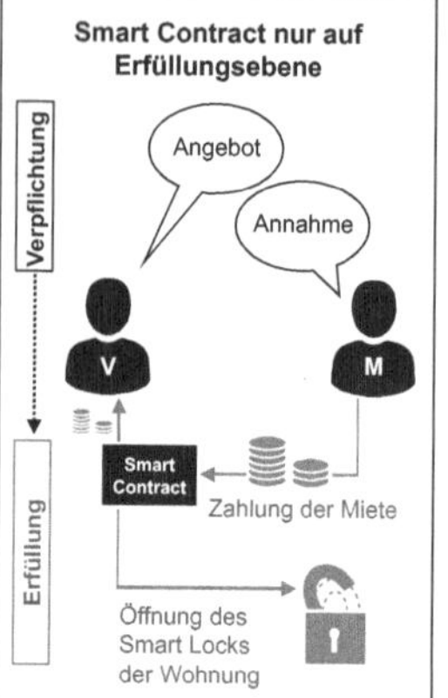

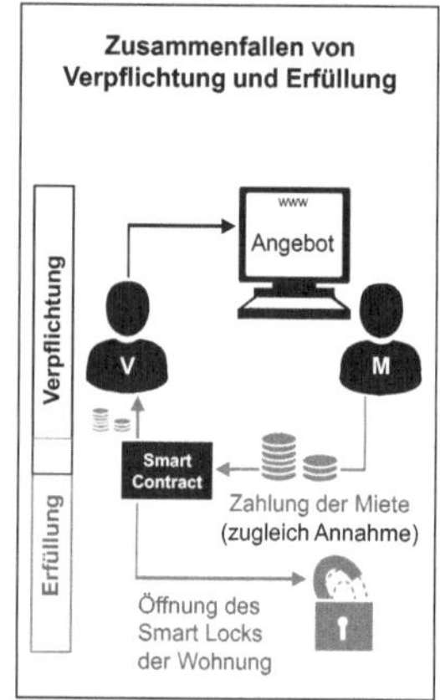

Abb. 5.1 Vertragsabschluss und/oder -erfüllung unter Einsatz eines Smart Contracts. (am Beispiel eines Mietvertrags über eine Ferienwohnung)

etwa die Gestaltung zugehöriger Websites und Whitepaper, AGBs, der Inhalt von Formularen und die Beschriftung von Buttons (Kaulartz und Heckmann 2016, S. 621).

Demgegenüber ist der Smart Contract Code selbst kaum geeignet, einen rechtserheblichen Willen auszudrücken. Denn den Funktionscode kann der Nutzer nur nach Erteilung einer Kopie (und damit im Vertrauen auf dessen Fehlerfreiheit) einsehen. Eine direkte Kenntnisnahme scheitert daran, dass der Funktionscode bei Erstellung des Smart Contracts in unlesbaren Bytecode umgewandelt wird. Solche nicht wahrnehmbaren Bedingungen sind für die Auslegung des Vertragsinhalts unbeachtlich (Kaulartz und Heckmann 2016, S. 621). Etwas anderes könnte allenfalls dann gelten, wenn der Funktionscode nach Erteilung der Kopie verifiziert werden kann (siehe dazu Abschn. 3.2.2.2). Doch auch dann werden die allermeisten Vertragspartner den Funktionscode nicht hinreichend verstehen können, weshalb er regelmäßig keinen Einfluss auf den Vertragsinhalt haben sollte (vgl. auch Abschn. 5.6).

Dieses Ergebnis überzeugt auch mit Blick auf den vergleichbaren Warenautomaten. Der Aufsteller definiert den Vertragsinhalt (Ware, Preis und Bedingung für Übereignung) mittels Aufschrift auf dem Automaten, der Kunde nimmt dieses Angebot durch Einwurf der Münze an (bzw. gibt seinerseits ein Angebot ab). Dabei hat die Mechanik des Automaten keine Auswirkungen auf den Vertragsinhalt, sie vollzieht diesen lediglich (Kaulartz und Heckmann 2016, S. 621).

Der Zugang von Willenserklärungen auf der Blockchain
Willenserklärungen gegenüber Abwesenden werden gem. § 130 Abs. 1 BGB erst mit Zugang wirksam. Da Transaktionen in der Blockchain durch Signierung mit dem Private Key ausgelöst, aber erst nach erfolgtem Konsensverfahren auch durchgeführt werden, dürfte vom Zugang entsprechender Willenserklärungen bei Verwendung von Smart Contracts erst mit Bestätigung des neuen, statusveränderten Blocks auszugehen sein (Heckelmann 2018, S. 506).

5.2.2 Beidseitig automatisierter Abschluss und Vollzug per Smart Contract

Komplizierter kann die rechtliche Beurteilung sein, wenn beide Parteien ihr Vertragsverhältnis mittels Smart Contracts automatisieren wollen.

Allerdings betrachten wir hier nicht rechtlich relevante Verhältnisse von Maschinen, die mit sog. Artificial Intelligence (AI, „künstliche Intelligenz") ausgestattet sind, also intelligenten, lernenden, autonom agierenden Maschinen. Da Maschinen nicht rechtsfähig sind, stellen sich dabei elementare Fragen der Zurechnung rechtlich relevanten Handelns (Heckelmann 2018, S. 506). Teilweise wird davon ausgegangen, dass das geltende Recht hierauf nicht vorbereitet ist (vertiefend Borges 2018, S. 979 ff. sowie Specht und Herold 2018, S. 44).

Dagegen ist die aktuelle Verwendung von Smart Contracts und ihr Grad an Selbstständigkeit eng umgrenzt. Es handelt sich weniger um autonome Systeme als um Programme, die bei Eintritt bestimmter Bedingungen innerhalb eines engen Entscheidungskorridors Funktionen auslösen. Beispiele hierfür sind u. a. Anwendungen des Internet of Things, wie die Waschmaschine, die per Smart Contract automatisch Waschmittel nachbestellt oder der Stromlieferungsvertrag, der verbrauchsabhängig per Smart Contract bezahlt wird.

Obwohl sich auch hier die Frage der Zurechnung des geäußerten Willens stellt, lassen sich solche Verhältnisse in der bestehenden Dogmatik des BGB gut abbilden. Juristisch umsetzen lassen sie sich etwa durch generelle Einwilligungen der Rechtsträger, aufschiebend bedingte Willenserklärungen sowie Rahmen- oder Dauerlieferungsverträge mit datenbank- bzw. softwaregestützer Leistungsbestimmung und -ausführung. Je nach rechtlicher Beurteilung tätigen Smart Contracts entweder ihrem Rechtsträger zuzurechnende Willenserklärungen oder es handelt sich um bloße Erfüllungshandlungen ohne rechtlichen Erklärungsinhalt, wobei die entsprechenden Willenserklärungen bereits bei Vertragsschluss abgegeben wurden (Sattler 2018, S. 2249 f.).

Häufig werden Smart Contracts eine softwaregestützte Abgabe von Willenserklärungen bewirken. Je nach Gestaltung können sowohl schuldrechtliche als auch dingliche Willenserklärungen abgegeben werden. Voraussetzung einer dem Rechtsträger zugerechneten softwaregestützten Willenserklärungen ist, dass bei Eintritt einer klar definierten Bedingung eine ebenso definierte Rechtsfolge ausgelöst wird. Ebendies ist bei besagten IoT-Anwendungen der Fall: Die Waschmaschine löst bei Eintritt der genau definierten Bedingung (Waschmittel geht zur Neige) eine genau definierte Funktion (Bestellung neuen Waschmittels) aus. Die Erklärung wird dann dem Verwender des Smart Contracts als eigene zugerechnet, der die Bedingungen der Verwendung gesetzt bzw. bestätigt hat (Specht und Herold 2018, S. 44).

Automatisierte Willenserklärungen von Smart Contracts können ihren Verwendern nach aktuellem Recht zugerechnet werden, sofern diese nur in geringem Grade selbstständig agieren. Für solche wenig autonomen Entscheidungen erscheint es nicht notwendig, das Zivilrecht um eine E-Person (s. u.) zu erweitern. Echte (teil-) autonom agierende Systeme werden das BGB hingegen noch vor Herausforderungen stellen.

Diskussion um die Einführung einer „E-Person"
Um die Verantwortungslücken beim Einsatz intelligenter Roboter und anderer autonomer Systeme zu schließen, wird u. a. die Einführung einer „elektronischen Person" (E-Person) diskutiert. Die Folge davon wäre, dass solche Systeme als eigene Rechtspersönlichkeiten anerkannt und selbstständig haftbar wären. Ähnlich wie Unternehmen als juristische Personen (bspw. AG oder GmbH) müssten die E-Personen hierfür mit einer eigenen Haftungsmasse ausgestattet sein, an die sich Geschädigte halten können, bspw. wenn ein AI-Roboter ohne menschliches Zutun einen Schaden verursacht. Die Idee stößt allerdings auf berechtigte Kritik, insbesondere, weil Maschinen – anders als Menschen oder den von Menschen vertretenen Unternehmen – der Anreiz fehlt, ihre wirtschaftliche Existenz zu sichern und ihr Haftungskapital nicht zu gefährden (vgl. zum Ganzen: Jandl 2018).

5.2.3 Bloßer Vollzug anderweitig vereinbarter Leistungen

Anders fällt die juristische Bewertung dann aus, wenn Smart Contracts nicht zum Abschluss von Verträgen genutzt werden, sondern lediglich der technischen Durchführung anderweitig geschlossener Verträge dienen. Die Verwendung von Software zum Vollzug eines bereits vereinbarten Leistungsaustauschs stellt keine rechtserhebliche Willensäußerung dar. Daran ändert die Bezeichnung der Software als „Smart Contract" nichts.

Denn die entsprechenden Willenserklärungen werden hier bereits bei Abschluss des Rechtsgeschäfts abgegeben. Vereinbaren etwa die Parteien eines Kaufvertrags, dass die Ware erst übereignet werden soll, wenn der Kaufpreis vollständig an den Smart Contract gezahlt wird, dann handelt es sich bei dem Smart Contract gerade nicht um das Rechtsgeschäft, sondern lediglich um ein technisches Hilfsmittel. Die dingliche Einigung fällt hier zusammen mit der schuldrechtlichen Einigung bei Abschluss des Kaufvertrags. Der Einsatz des Smart Contracts dient dann nur der Durchführung dieses ihm zugrunde liegenden Rechtsgeschäfts, indem er die Zahlung empfängt und die bedingte Eigentumsübertragung ausführt (Heckmann und Schmid 2017, S. 22; Kaulartz und Heckmann 2016, S. 623).

Zusammenfassung

Smart Contracts bestehen regelmäßig aus einer technischen und einer rechtlichen Ebene. Die Nutzung von Smart Contracts kann rechtlich mit dem Abschluss eines Verpflichtungs- und/oder Verfügungsgeschäfts zusammenfallen. Automatisierte Willenserklärungen von Smart Contracts werden dem Verwender der Software zugerechnet, sofern sie nicht autonom ergehen.

Regelmäßig führen Smart Contracts jedoch nur technisch aus, was anderweitig vereinbart wurde. Ihnen kommt in solchen Fällen keine Bedeutung als Vertrag im rechtlichen Sinne zu.

5.3 Vertragstyp von Smart Contracts

Ebenso hat die Verwendung von Smart Contracts im Vertragsverhältnis keine Auswirkungen auf die rechtliche Einordnung des schuldrechtlichen Vertragstyps. Die Art des Vertrags hängt allein von dem zwischen den Parteien vereinbarten Leistungsaustausch ab. Ob es sich bei dem Rechtsgeschäft um einen gesetzlichen Typenvertrag wie Kauf- (§ 433 BGB) oder Mietvertrag (§ 535 BGB) oder einen Vertrag eigener Art (§§ 311 Abs. 1, 241 Abs.1 BGB) handelt, richtet sich folglich nicht nach einer eventuellen Verwendung von Smart Contracts, sondern nach der jeweiligen Hauptleistungspflicht.

Daran ändert nach zutreffender Ansicht auch die Vereinbarung der Zahlung per Kryptowährung nichts (Heckelmann 2018, S. 508). Einzige Ausnahme dürfte es darstellen, wenn die Programmierung des Smart Contracts selbst die geschuldete Leistung ist. Die Herstellung einer Software stellt rechtlich zumeist einen Werkvertrag (§ 631 BGB) dar (Paulus, D. und Matzke 2018, S. 449).

Für den jeweiligen Vertragstyp gelten die entsprechenden gesetzlichen Regelungen, also etwa das Mängel- und Gewährleistungsrecht bei Kaufsachen (§§ 434 ff. BGB) oder der Mieterschutz bei Wohnraummiete (§§ 568 ff. BGB). Sofern Smart Contracts im Rahmen eines gesetzlichen Vertragsverhältnisses eingesetzt werden, darf ihre Verwendung nicht die jeweiligen gesetzlichen Anforderungen verletzten. Sieht ein Vertrag über die dauerhafte Wohnraummiete etwa vor, dass der Mieter sofort bei Verzug mittels Smart Contract aus der Mietsache ausgesperrt wird, ist dies nach § 569 Abs. 3 Nr. 1 BGB unwirksam. Denn hiernach darf eine außerordentliche Kündigung erst erfolgen, wenn der Mietrückstand eine Monatsmiete übersteigt. Zusätzlich ist der Vermieter zur Durchsetzung an die Räumungsklage gebunden, wobei der unterlegene Mieter danach immer noch leisten darf, um so die Kündigung unwirksam werden zu lassen (§ 569 Abs. 3 Nr. 2 BGB).

5.4 Elektronischer Geschäftsverkehr und Smart Contracts

Viele Fälle, in denen Smart Contracts zur Unterstützung eines Vertragsschlusses eingesetzt werden, betreffen den Bereich E-Commerce. Sofern sich ein Unternehmer (§ 14 BGB) der Telemedien (§ 1 Abs. 1 S. 1 Telemediengesetz) bedient, damit über diese Warenlieferungs- oder Dienstleistungsverträge abgeschlossen werden können, muss er grundsätzlich die allgemeinen Pflichten für den elektronischen Geschäftsverkehr nach § 312i BGB beachten. Diese betreffen in erster Linie die Rahmenbedingungen des technischen Bestellvorgangs einschließlich der dabei zur Verfügung zu stellenden Informationen. Im Grunde haben sie aber keine Auswirkungen auf den Akt des Vertragsschlusses an sich, mit Ausnahme von § 312i Abs. 1 S. 2 BGB, der die (unwiderlegbare) Vermutung des Bestellungszugangs regelt.

Weitergehende Pflichten muss ein Unternehmer dann beachten, wenn seine Vertragspartner Verbraucher (§ 13 BGB) sind. Neben der Pflicht zur Bereitstellung zusätzlicher Informationen gemäß § 312j Abs. 1 und 2 BGB muss in diesen Fällen auch die Bestellsituation höheren Anforderungen genügen. Diese muss gemäß § 312j Abs. 3 S. 1 BGB so gestaltet sein, dass „der Verbraucher mit seiner Bestellung ausdrücklich bestätigt, dass er sich zu einer Zahlung verpflichtet". Sofern die Bestellung über eine Schaltfläche – also einen Bestell-Button – erfolgt, ist die vorgenannte Verpflichtung nur dann erfüllt, wenn „diese Schaltfläche gut lesbar mit nichts anderem als den Wörtern ‚zahlungspflichtig bestellen' oder mit einer entsprechenden eindeutigen Formulierung beschriftet ist" (§ 312j Abs. 3 S. 2 BGB). Hieran ändert sich auch dann nichts, wenn der Vertragsschluss mithilfe eines Smart Contracts erfolgt. Letztlich bedeutet das für den Benutzer, dass sich die „Bedienung" eines Smart Contracts äußerlich betrachtet kaum von herkömmlichen E-Commerce-Vertragsschlüssen unterscheiden wird (Paulus, D. und Matzke 2018, S. 458 f.).

5.5 Formerfordernisse und Smart Contracts

Mittels Smart Contracts abgegebene und empfangene Willenserklärungen entsprechen grundsätzlich nur der Textform des § 126b BGB.

Obwohl die Nutzung von Smart Contracts die Signatur mit dem Private Key erfordert, genügen so abgegebene Willenserklärungen auch nicht der elektronischen Form des § 126a BGB. Formgebundene Rechtsgeschäfte, an die das Gesetz Schriftform oder notarielle Beurkundung knüpft, können also nicht lediglich mittels Smart Contracts zustande kommen. Sollte etwa ein Grundstückskaufvertrag nur per Smart Contract vereinbart werden, wäre das Geschäft nichtig (§§ 311b, 125 BGB). Ebenso wäre die Befristungsabrede im Rahmen eines per Smart Contract geschlossenen langfristigen Mietvertrags unwirksam (Paulus, D. und Matzke 2018, S. 457).

Formgebundene Geschäfte können nur dann über die Blockchain getätigt und abgewickelt werden, wenn die entsprechenden Willenserklärungen noch „real" formwirksam abgegeben werden. Im Falle des Grundstückskaufvertrags müssten also die formgebundenen Willenserklärungen notariell beurkundet werden (§ 311b Abs. 1 BGB). Die Technologie könnte dann für Zahlung und Registerfunktionen genutzt werden (Heckelmann 2018, S. 506 f.). Im Falle des langfristigen Mietvertrags müsste die Befristungsabrede zusätzlich schriftlich vereinbart werden.

Dieses „komplizierte" Vorgehen ist gesetzgeberisch gewollt. Es sollen bei Rechtsgeschäften mit weitreichenden Konsequenzen die Aufklärungs-, Beratungs- und Warnfunktion der Schriftform bzw. der notariellen Beurkundung sichergestellt werden (Heckmann und Schmid 2017, S. 24).

Vereinbarung einer „Blockchain-Form"
Für bestimmte Geschäfte kann zwischen den Parteien auch die Vereinbarung einer „Blockchain-Form" sinnvoll sein. Diese könnte etwa bei der Ausgabe von Token (siehe Abschn. 4.2.4) gewählt werden. Dort kann es im Sinne des Ausgebers sein, dass die Inhaberschaft des Token und die daraus resultierenden Forderungen nicht auf mehrere Personen verteilt werden. Um ein solches Auseinanderfallen zu verhindern, könnte nun die Abtretung der Forderung aufschiebend bedingt werden durch die wirksame Token-Transaktion (Paulus, D. und Matzke 2018, S. 457 f.).

5.6   Anforderungen des AGB-Rechts

Allgemeine Geschäftsbedingungen (AGB) spielen generell eine bedeutende Rolle bei der Vereinfachung des Wirtschaftslebens mithilfe von Standardisierungen. Von AGB spricht man immer dann, wenn es um Vertragsbedingungen geht, die für eine Vielzahl von Verträgen vorformuliert sind und die von einer Vertragspartei beim Abschluss eines Vertrages gestellt werden (§ 305 Abs. 1 S. 1 BGB). Wie AGB in einen Vertrag einbezogen werden und welche Inhalte sie (nicht) haben dürfen, ist in den §§ 305 ff. BGB geregelt. Wird gegen diese Regelungen verstoßen, hat dies grundsätzlich zur Folge, dass die AGB nicht wirksam in den Vertrag einbezogen werden bzw. bestimmte Klauseln unwirksam sind, sodass die AGB entweder in Gänze oder jedenfalls die unzulässigen Klauseln nicht Bestandteil des Vertrages werden.

Zum Teil wird vertreten, dass Smart Contracts – genauer: deren Programmcode und die darin festgelegten Bedingungen – als AGB zu bewerten seien und daher den AGB-Regelungen unterfallen. Als Folge hiervon wird dann in der automatisierten Anspruchsdurchsetzung mithilfe von Smart Contracts ein Verstoß gegen die AGB-Inhaltsregelungen gesehen, etwa gegen § 309 Nr. 2 oder § 307 Abs. 1, 2 BGB weil hierdurch Einwendungen und Leistungsverweigerungsrechte des Vertragspartners abgeschnitten würden (vgl. Schrey und Thalhofer 2017, S. 1436; Schawe 2019, S. 220). Dem vorgelagert würde sich aber in aller Regel schon das Problem der fehlenden Einbeziehung stellen. Denn nach § 305 Abs. 2 Nr. 2 BGB muss ein Vertragspartner die Möglichkeit haben, in zumutbarer Weise vom Inhalt der AGB Kenntnis zu nehmen. Der Smart Contract Code – selbst wenn er offen einsehbar ist – dürfte vom Durchschnitts-Vertragspartner ohne Programmierkenntnisse aber kaum zu verstehen sein (siehe bereits oben unter: Abschn. 5.2.1, vgl. auch: Heckmann und Schmid 2017, S. 27).

Letztlich stellen sich aber die angesprochenen Probleme in dieser Form gar nicht. Denn die Anwendung der AGB-Regelungen auf den Smart Contract Code würde voraussetzen, dass der Code selbst den Vertragsinhalt vorgibt. Das heißt, dass alles, was der Smart Contract letztlich ausführt, als von den Parteien gewollt unterstellt wird (vgl. zu diesem sog. Code is Law-Prinzip: Abschn. 5.1). Dem ist jedoch nicht so. Vielmehr stellt es sich genau umgekehrt dar, nämlich dass der Smart Contract nur das Mittel der Vertragsausführung ist, das Programm also das umsetzt, worauf sich die Parteien im Vorfeld geeinigt haben (vgl. Abschn. 5.2). Daher kann es sich bei dem Smart Contract Code selbst grundsätzlich auch nicht um AGB handeln, sondern es kann allenfalls die Nutzung eines Smart Contracts bei der Vertragsdurchführung mittels AGB vereinbart werden. Das heißt, ein Smart Contract bzw. seine Nutzung kann „lediglich Gegenstand einer AGB sein, nicht jedoch die AGB selbst" (Paulus, D. und Matzke 2018, S. 459 f.). Derartige AGB müssen, um Vertragsbestandteil zu werden, für die Vertragspartner vor Vertragsschluss vollständig einsehbar sein, bspw. durch Zusendung oder durch die Möglichkeit, die AGB auf einer Website abzurufen. Ist dies nicht geschehen oder sind bestimmte Klauseln, welche die Nutzung des Smart Contracts bzw. die von ihm auszuführenden Bestimmungen regeln, unwirksam, werden sie nicht Bestandteil des Vertrages. Wird der Smart Contract dessen ungeachtet dennoch ausgeführt, kann dies ggf. eine Pflichtverletzung des AGB-Verwenders verursachen (Paulus, D. und Matzke 2018, S. 459). Der Smart Contract führt also in diesen Fällen etwas aus, was vertraglich nicht (wirksam) vereinbart war (siehe hierzu: Abschn. 5.7).

5.7 Rückabwicklung von Smart Contracts

Trotz der Automatisierung bietet der Einsatz von Smart Contracts keine Gewähr für einen stets fehlerfreien Leistungsaustausch. So kann es neben menschlichen Fehlern bei der Vertragserfüllung (Bsp.: Versenden der falschen Ware) auch zu einer Lücke zwischen dem rechtlich Vereinbarten und dem Smart Contract Code kommen, sodass Letzterer etwas ausführt, was gar nicht gewollt war oder umgekehrt (Bsp.: ungewollte bzw. fehlgeleitete Transaktion).

Hierbei finden die allgemeinen zivilrechtlichen Regelungen Anwendung – unabhängig davon, ob die Vertragsdurchführung mithilfe von Smart Contracts erfolgte oder nicht. So kann etwa ein Käufer zur Rücksendung der erhaltenen Ware verpflichtet sein und der Verkäufer im Gegenzug zur Rückzahlung des Kaufpreises. Denkbar und bis zu einem gewissen Grad möglich wäre es, dass ein Smart Contract auch eine solche Rückabwicklung von Verträgen unterstützen kann, z. B. indem bei Eingang der rückgesendeten Ware automatisch der Erstattungsbetrag transferiert wird. Angesichts der Vielzahl und Komplexität möglicher Gewährleistungs-, Widerrufs- und Anfechtungsrechte erscheint es aber (aktuell) unrealistisch, dass ein Smart Contract Code alle eventuell in Betracht kommenden Rechtsfolgen samt ihrer Voraussetzungen i. S. e. „einprogrammierten Gesetzes" abbilden kann (Kaulartz und Heckmann 2016, S. 623). Soweit eine automatisierte Rückabwicklung nicht möglich ist, müssen die Parteien die jeweiligen Fehler bei der Vertragsausführung manuell wieder korrigieren.

Probleme kann es dabei vor allem auf der praktischen Seite geben, wobei dies weniger mit dem Einsatz von Smart Contracts als vielmehr mit den Charakteristika einer zugrunde liegenden Blockchain zusammenhängt. So kann insbesondere die

Durchsetzung eines Anspruchs (z. B. auf Rücktransferierung eines bestimmten Kryptowährungsbetrages) bereits daran scheitern, dass nicht bekannt ist, welche Person sich hinter dem Public Key des Vertragspartners verbirgt (siehe Abschn. 3.2.2.5). Aus diesem Grund wird teilweise die Einprogrammierung einer „Schieds-" bzw. „Justiz-Schnittstelle" empfohlen, um das Konfliktlösungsverfahren zu automatisieren und Transaktionen, falls nötig, über den Smart Contract rückabwickeln zu können (Schawe 2019, S. 222 f.; Simmchen 2017, S. 164).

Mitunter wird es in diesem Zusammenhang als Problem angesehen, dass aufgrund der nachträglichen Unveränderbarkeit „Transaktionen in der Blockchain verbleiben, welche es rechtlich gar nicht gab" (Schrey und Thalhofer 2017, S. 1436). Tatsächlich entstehen hieraus keine juristischen Probleme, da Einträge in einer Blockchain allenfalls eine erfolgte Transaktion dokumentieren können aber keinerlei verbindliche Aussage darüber enthalten, ob der Empfänger auch einen entsprechenden Rechtsanspruch darauf hatte.

5.8 Zwangsvollstreckung und Smart Contracts

Theoretisch gesehen, dürfte das Thema Zwangsvollstreckung im Zusammenhang mit Smart Contracts gar nicht auftauchen, da der automatisierte Vertragsvollzug eine zwangsweise Anspruchsdurchsetzung mit staatlicher Hilfe gerade entbehrlich machen soll. Tatsächlich dürfte Letzteres erst dann relevant werden, wenn es entweder um die Rückabwicklung eines mithilfe von Smart Contracts geschlossenen (und vollzogenen) Vertrages geht (siehe Abschn. 5.7) oder wenn ein Smart Contract – etwa aufgrund eines fehlerhaften Codes – eine Aktion trotz des Eintritts der vordefinierten Bedingungen nicht ausführt.

Sofern für derartige Fälle nicht ebenfalls eine automatisierte Lösung geschaffen wurde (vgl. Abschn. 5.7), bedarf es zur Herstellung rechtmäßiger Zustände einer manuellen Korrektur, was regelmäßig auch die Mitwirkung des anderen Vertragspartners erfordert. Fehlt es an einer freiwilligen Mitwirkung, bedarf es ggf. staatlichen Zwangs im Wege der Zwangsvollstreckung.

Unerlässliche Voraussetzung der Zwangsvollstreckung ist insbesondere ein vollstreckbarer Titel. Dies sind bspw. gerichtliche Endurteile (§ 704 Zivilprozessordnung [ZPO]), gerichtliche Vergleiche, Vollstreckungsbescheide aus einem gerichtlichen Mahnverfahren etc. (vgl. § 794 ZPO). Damit diese aber überhaupt erlangt werden können, muss zunächst einmal der jeweilige Anspruchsgegner, also der Schuldner, feststehen. Diesen samt seiner Anschrift zu benennen, liegt in der Verantwortung des (vermeintlichen) Anspruchsinhabers, also des Gläubigers, wenn er bspw. eine Klage erheben oder ein gerichtliches Mahnverfahren anstoßen will (vgl. § 253 Abs. 2 Nr. 1 und § 690 Abs. 1 Nr. 1 ZPO). Lässt sich die Person des Schuldners aber nicht ermitteln, bspw. weil außer ihrem Public Key in der Blockchain nichts über sie bekannt ist, kommen ein gerichtliches Feststellungs- und ein anschließendes Zwangsvollstreckungsverfahren gar nicht in Betracht.

Liegen hingegen die Voraussetzungen der Zwangsvollstreckung vor, ergeben sich die rechtlichen Besonderheiten weniger im Hinblick auf einen ggf. zuvor verwendeten Smart Contract, sondern vielmehr aus den Charakteristika der Blockchain-Technologie. Denn die (Rück-) Übertragung von Krypto-Einheiten (bspw. Krypto Coins oder Token) kann nur mithilfe des Schuldners erfolgen, der über den notwendigen Private Key bzw. das Passwort für die erforderliche Krypto Wallet verfügt. Anders als bei gewöhnlichen Geldschulden ist die Zahlung der Krypto-Einheiten daher regelmäßig als unvertretbare Handlung i. S. v. § 888 ZPO anzusehen (Paulus, D. und Matzke 2018, S. 464). Die Folge davon ist, dass grundsätzlich die Mitwirkung des Schuldners mittels Zwangsgeld oder Zwangs- haft gemäß § 888 Abs. 1 ZPO erzwungen werden muss (vgl. hierzu: Bausch und Heetkamp 2018, S. 9 f.).

5.9 Regulatorische Anforderungen an Smart Contracts

Je nach Geschäftsmodell, das mithilfe von Smart Contracts umgesetzt wird, kön- nen besondere regulatorische Vorgaben zu beachten sein. Dies hat dann jedoch nichts mit der Verwendung von Smart Contracts an sich zu tun, sondern mit dem Agieren auf einem regulierten Markt, sodass die jeweiligen Regularien auch bei der Verwendung althergebrachter Verträge einzuhalten wären (vgl. auch: Heckel- mann 2018, S. 508 f.).

Erwähnt werden soll in diesem Zusammenhang jedoch, dass die Bundesanstalt für Finanzdienstleistungsaufsicht (BaFin) Bitcoin und ähnliche Kryptowährungen als Rechnungseinheiten i. S. d. § 1 Abs. 11 Nr. 7 des Kreditwesengesetzes (KWG) und damit als Finanzinstrumente einstuft, sodass der gewerbliche Umgang mit ihnen u. U. eine Erlaubnispflicht nach dem KWG auslösen kann (BaFin 2016). Werden erlaubnispflichtige Geschäfte ohne die erforderliche Erlaubnis betrieben, ist dies strafbar (§ 54 Abs. 1 Nr. 2 KWG).

Die umstrittene Einordnung von Kryptowährungen als Finanzinstrumente

Das KG Berlin urteilte entgegen der BaFin-Auffassung, dass der Handel mit Bitcoin nicht erlaubnispflichtig und daher auch nicht strafbar sein könne, da Bitcoin nicht als Finanzinstrumente i. S. d. KWG anzusehen seien (KG, Urteil vom 25.9.2018 – (4) 161 Ss 28/18 (35/18), juris). Allerdings ist die BaFin an das Urteil nicht gebunden. Auch die Bundesregierung hat sich hinter die Verwaltungspraxis der BaFin gestellt (Bundestags-Drucksache Nr. 19/6034, S. 1 ff.), sodass davon ausgegangen werden kann, dass die BaFin weiterhin gegen Geschäftsmodelle vorgeht, die ohne eine nach ihrer Auffassung erforderliche Erlaubnis betrieben werden.

Zukünftig werden nicht nur Kryptowährungen, sondern sämtliche Krypto Assets, also auch Token, die verschiedene Funktionen aufweisen und/oder Rechte verkörpern (siehe Abschn. 4.2.4), der geldwäscherechtlichen Regulierung unterfallen. Denn die sog. 5. Geldwäscherichtlinie (EU) 2018/843 statuiert eine Erweiterung des Anwendungsbereichs der entsprechenden Regelungen auf Umtausch-Plattformen für Krypto Assets und Anbieter von elektronischen Wallets, um deren Nutzer leichter identifizieren zu können. Der aktuelle Gesetzentwurf zur Umsetzung der 5. Geldwäscherichtlinie in Deutschland sieht hierzu vor, „Kryptowerte" ausdrücklich den Finanzinstrumenten i. S. d. KWG zuzuordnen (BMF 2019). Spätestens dann dürfte sich der o. g. Streit um die rechtliche Einordnung von Bitcoin & Co. erledigt haben – im Ergebnis zugunsten der bisherigen BaFin-Auffassung.

Solange Krypto Assets aber lediglich als Ersatz für Bar- oder Buchgeld zur Teilnahme am Wirtschaftskreislauf verwendet werden, stellt dies jedenfalls noch keine erlaubnispflichtige Tätigkeit dar – weder für Kunden noch für die Händler (BaFin 2016). Es ist daher grundsätzlich auch nicht verboten, Waren im Austausch für Kryptowährungen oder Token zu kaufen bzw. zu verkaufen.

Zusammenfassung und Ausblick 6

Mit Blockchains entstanden manipulationssichere Datenstrukturen, die verteilt auf allen Rechnern eines Netzwerks gespeichert und fortgeführt werden – ein fundamentaler Gegenentwurf zum klassischen Client-Server-Modell. Mit der Weiterentwicklung des Konzepts wurde es auch möglich, Programmcode auf der Blockchain-Datenstruktur abzulegen und auszuführen. Diese als „Smart Contracts" bezeichneten Programme agieren wie selbstständige Akteure innerhalb des Netzwerks, werden aber allein durch ihren Code gesteuert. Hierdurch wurde es möglich, zuvor festgelegte Prozesse innerhalb der Blockchain-Umgebung zu automatisieren.

In dem Hype um Blockchain und Kryptowährungen sind auch überhöhte Erwartungen an Smart Contracts entstanden. Um ihre disruptive Kraft zu beschreiben, wurde nicht an Superlativen gespart: Smart Contracts sollten wahlweise den Rechtsmarkt revolutionieren, Anwälte und Richter, Notare, Banken und Versicherungen überflüssig machen oder gleich das geschriebene Recht ersetzen.

Es zeigt sich, dass Smart Contracts jedenfalls diese Erwartungen auf absehbare Zeit nicht erfüllen können. Um die Erwartungen zu bremsen, twitterte der Co-Founder von Ethereum und bekannter Vertreter der Kryptoszene Vitalik Buterin am 13. Oktober 2018 schließlich:

„Um ehrlich zu sein, mittlerweile bedauere ich es beinahe, den Begriff „Smart Contracts" gewählt zu haben. Ich hätte ihnen einen langweiligeren und technischeren Namen geben sollen, vielleicht „dauerhafte Scripts".

(„To be clear, at this point I quite regret adopting the term "smart contracts". I should have called them something more boring and technical, perhaps something like "persistent scripts".") (https://twitter.com/VitalikButerin/status/1051160932699770882)

© Springer Fachmedien Wiesbaden GmbH, ein Teil von Springer Nature 2019
R. Wilkens und R. Falk, *Smart Contracts*, essentials,
https://doi.org/10.1007/978-3-658-27963-9_6

Dennoch sollte das Potenzial von Smart Contracts nicht unterschätzt werden. Transaktionen zwischen Nutzern und Registereinträge auf einer Blockchain ohne Intermediäre automatisiert durchführen zu können, ist eine echte Innovation. Dort wo Zahlungen in hoher Zahl und nach festgelegten Parametern getätigt werden, bietet sich der Einsatz von Smart Contract an. Als Blockchain-Anwendung dürften sie sich vor allem dort durchsetzen, wo aus dem spezifischen Potenzial einer Blockchain (insbesondere Datenintegrität und Verzicht auf Intermediäre) und der Möglichkeit einer Automatisierung besondere Vorteile für Anbieter und/ oder Kunden erwachsen. Beispiele sind das Internet of Things, das Finanz- und Versicherungswesen, dezentrale Energieversorgungsnetze, E-Commerce oder digitale Unternehmen und Unternehmensfinanzierungen.

Rechtlich gesehen, ist der Begriff Smart Contract jedoch irreführend. Es handelt sich bei Smart Contracts nicht um Verträge im rechtlichen Sinne. Je nach konkreter Nutzung von Smart Contracts können mit ihrer Hilfe aber schuldrechtliche und dingliche Rechtsgeschäfte vereinbart bzw. vollzogen werden. Der Einsatz von Smart Contracts sollte juristisch kaum anders beurteilt werden, als die Nutzung „klassischer" Software. Das Zivilrecht zeigt sich im Angesicht dieser neuen Technologie auf der Höhe der Zeit.

Was Sie aus diesem *essential* mitnehmen können

- Mit Smart Contracts lassen sich Prozesse innerhalb der Blockchain-Infrastruktur automatisieren
- Obwohl der Hype um Smart Contracts teilweise auch überzogene Erwartungen hervorgerufen hat, stellen sie eine echte Innovation mit zahlreichen Anwendungsfeldern dar und werden mit zunehmender Verbreitung der Blockchain-Technologie weiter an Bedeutung gewinnen
- Bei Smart Contracts handelt es sich nicht um Verträge im rechtlichen Sinne, sie können aber beim Abschluss und/oder bei der Durchsetzung von Verträgen als technisches Hilfsmittel dienen

© Springer Fachmedien Wiesbaden GmbH, ein Teil von Springer Nature 2019

R. Wilkens und R. Falk, *Smart Contracts*, essentials,

https://doi.org/10.1007/978-3-658-27963-9

Literatur

Allianz (2016). *Erfolgreiches Pilotprojekt: Allianz Risk Transfer und Nephila realisieren Katastrophen-Swap mit Blockchain-Technologie.* Pressemitteilung v. 15.06.2016. https://tinyurl.com/y6285u5p. Zugegriffen: 01. Aug. 2019

BaFin (2016). *Virtuelle Währungen.* https://tinyurl.com/yc3h4xv8. Zugegriffen: 01. Aug. 2019.

BaFin. (2017). Initial coin offerings. *BaFin Journal, 11*(2017), 15–18.

Bashir, I. (2018). *Mastering Blockchain* (2. Aufl.). Birmingham: Packt Publishing.

Bausch, S., & Heetkamp, S. J. (2018). Wie kommt der "Kuckuck" auf den Bitcoin? *DisputeResolution, 1*(2018), 7–10.

Borges, G. (2018). Rechtliche Rahmenbedingungen für autonome Systeme. *Neue Juristische Wochenschrift, 14*(2018), 977–982.

Borkert, K. (2018). Crowdfunding goes Blockchain – Teil 1. *IT-Rechtsberater, 2*(2018), 39–43.

Braun, T. (2017). *Smart Contracting gehört die Zukunft: Falscher Hype um Blockchain.* Computerwoche.de v. 23.06.2017. https://www.computerwoche.de/3330977 Zugegriffen: 01. Aug. 2019.

Bundesministerium der Finanzen (BMF) 2019, *Entwurf eines Gesetzes zur Umsetzung der Änderungsrichtlinie zur Vierten EU-Geldwäscherichtlinie [Richtlinie (EU) 2018/843].* Bearbeitungsstand: 20.05.2019 15:05 Uhr, https://tinyurl.com/y24jxq6x. Zugegriffen: 01. Aug. 2019.

Creer D. et al. (2016). *Proving Ethereum for the Clearing Use Case.* https://tinyurl.com/jwnwejk. Zugegriffen: 01. Aug. 2019.

Dülpers, C. 2017, *Smart contracts sind weder smart noch contracts.* Legal Tribune Online v. 20.09.2017, https://tinyurl.com/yyco2psd. Zugegriffen: 01. Aug. 2019.

Essebier, J., & Wyss, D. A. (2017). *Von der Blockchain zu Smart Contracts. Jusletter, 24*(04), 2017.

Fritsche J. (2018). *Distributed Ledger Technologie: Potenziale und Herausforderungen ihrer Anwendung für Politik und Verwaltung.* public 3 2018: S. 10–15

Geiling, L. (2016). Distributed Ledger: Die Technologie hinter den virtuellen Währungen am Beispiel der Blockchain. *BaFin Journal, 2*(2016), 28–32.

© Springer Fachmedien Wiesbaden GmbH, ein Teil von Springer Nature 2019

R. Wilkens und R. Falk, *Smart Contracts,* essentials, https://doi.org/10.1007/978-3-658-27963-9

Hahn, C., & Wilkens, R. (2019). *ICO vs. IPO – Prospektrechtliche Anforderungen bei Equity Token Offerings.* Zeitschrift für Bankrecht und Bankwirtschaft/Journal of Banking Law and Banking. 1/2019: S. 10–26.

Hahn, C., & Wons, A. (2018). *Initial Coin Offering (ICO).* Wiesbaden: Springer Gabler.

Heckelmann, M. (2018). Zulässigkeit und Handhabung von Smart Contracts. *Neue Juristische Wochenschrift, 8*(2018), 504–510.

Heckmann, D., & Schmid, A. (2017). *vbw Studie – Blockchainund Smart Contracts.* https://tinyurl.com/yye8zt56. Zugegriffen: 01. Aug. 2019.

Jandl, F. (2018). *E-Person – Rechtspersönlichkeit für Roboter?* Legal Technology Journal v. 07.12.2018. https://legal-technology.net/rechtspersoenlichkeit-e-person/ Zugegriffen: 20. Mai 2019.

Kaulartz, M., & Heckmann, J. (2016). Smart Contracts – Anwendungen der Blockchain-Technologie. *Computer und Recht, 9*(2016), 618–624.

Kops, M., et al. (2016). *Die Blockchain Bibel.* Kleve: BTC-ECHO.

Kremer, B. (2019). *Sereum schützt vor Hackern.* Universität Duisburg-Essen v. 30.01.2019. https://www.uni-due.de/2019-01-30-sereum-schuetzt-vor-hackern Zugegriffen: 20. Mai 2019.

Münzer, J. (2014). Bitcoins: Aufsichtliche Bewertung und Risiken für Nutzer. *BaFin Journal, 1*(2014), 26–30.

Naceur, M. (2016). *Digitale Transformation: Blockchain & Smart Contracts – steht uns eine Revolution bevor?* IT Finanzmagazin v. 07.11.2016, https://tinyurl.com/y2nh79k3. Zugegriffen: 01. Aug. 2019.

Niemann, C. (2017). Orakel-Dienste speisen externe Informationen in die Blockchain. *JavaSPEKTRUM, 3*(2017), 14–17.

Overkamp, P., & Schings, C. (2019). Blockchain im Strom- und Verkehrssektor. *Zeitschrift für das gesamte Recht der Energiewirtschaft, 1*(2019), 3–8.

Paulus, C., & Matzke, R. (2018). Smart Contracts und Smart Meter – Versorgungssperre per Fernzugriff. *Neue Juristische Wochenschrift, 27*(2018), 1905–1911.

Paulus, D., & Matzke, R. (2018). Smart Contracts und das BGB – Viel Lärm um nichts? *Zeitschrift für die gesamte Privatrechtswissenschaft, 4*(2018), 431–465.

Rosenthal, S. (2019). *Smart Contracts: Technischer Fortschritt im Konflikt mit bestehender Rechtslage?!* Legal-Tech.de v. 08.05.2019, https://www.legal-tech.de/smart-contracts/. Zugegriffen: 01. Aug. 2019.

Saini, V. (2018). *How to write upgradable (Versioned) smart contracts in solidity?* Hackernoon v. 14.12.2018. https://hackernoon.com/how-to-write-upgradable-versioned-smart-contracts-in-solidity-910007057943. Zugegriffen: 20. Mai 2019.

Sattler, A. (2018). Der Einfluss der Digitalisierung auf das Gesellschaftsrecht. *Betriebs-Berater, 39*(2018), 2243–2253.

Schawe, N. (2019). Blockchain und Smart Contracts in der Kreativwirtschaft – mehr Probleme als Lösungen? *MultiMedia und Recht, 4*(2019), 219–223.

Scherk, J., & Pöchhacker-Tröscher, G. (2017). *Die Blockchain – Technologiefeld und wirtschaftliche Anwendungsbereiche.* https://www.bmvit.gv.at/innovation/downloads/blockchain_technologie.pdf. Zugegriffen: 01. Aug. 2019.

Schrey, J., & Thalhofer, T. (2017). Rechtliche Aspekte der Blockchain. *Neue Juristische Wochenschrift, 20*(2017), 1431–1436.

Simmchen, C. (2017). Blockchain (R)Evolution. *MultiMedia und Recht, 3*(2017), 162–165.

Specht, L., & Herold, S. (2018). Roboter als Vertragspartner? *MultiMedia und Recht, 1*(2018), 40–44.

Szabo, N. (1997). *Formalizing and Securing Relationships on Public Networks.* first monday 9/1997, http://firstmonday.org/ojs/index.php/fm/article/view/548/469. Zugegriffen: 01. Aug. 2019.

Weitnauer, W. (2018). Initial Coin Offerings (ICOs): Rechtliche Rahmenbedingungen und regulatorische Grenzen. *Zeitschrift für Bank- und Kapitalmarktrecht, 6*(2018), 231–236.